BIOGRAFIAS — MEMÓRIAS — DIÁRIOS — CONFISSÕES
ROMANCE — CONTO — NOVELA — FOLCLORE
POESIA — HISTÓRIA

1. MINHA FORMAÇÃO — Joaquim Nabuco
2. WERTHER (Romance) — Goethe
3. O INGÊNUO — Voltaire
4. A PRINCESA DE BABILÔNIA — Voltaire
5. PAIS E FILHOS — Ivan Turgueniev
6. A VOZ DOS SINOS — Charles Dickens
7. ZADIG OU O DESTINO (História Oriental) — Voltaire
8. CÂNDIDO OU O OTIMISMO — Voltaire
9. OS FRUTOS DA TERRA — Knut Hamsun
10. FOME — Knut Hamsun
11. PAN — Knut Hamsun
12. UM VAGABUNDO TOCA EM SURDINA — Knut Hamsun
13. VITÓRIA — Knut Hamsun
14. A RAINHA DE SABÁ — Knut Hamsun
15. O BANQUETE — Mario de Andrade
16. CONTOS E NOVELAS — Voltaire

PAIS E FILHOS

Vol. 5

Capa
Cláudio Martins

Tradução direta do russo por
Ivan Emilianovitch

EDITORA ITATIAIA
BELO HORIZONTE
Rua São Geraldo, 53 — Floresta — Cep. 30150-070
Tel.: 3212-4600 — Fax: 3224-5151
e-mail: vilaricaeditora@uol.com.br
Home page: www.villarica.com.br

I. S. Turgueniev

PAIS E FILHOS

EDITORA ITATIAIA
Belo Horizonte

2004

Direitos de Propriedade Literária adquiridos pela
EDITORA ITATIAIA
Belo Horizonte

Impresso no Brasil
Printed in Brazil

ÍNDICE

Capítulo I	9
Capítulo II	12
Capítulo III	14
Capítulo IV	19
Capítulo V	23
Capítulo VI	28
Capítulo VII	31
Capítulo VIII	37
Capítulo IX	42
Capítulo X	46
Capítulo XI	56
Capítulo XII	60
Capítulo XIII	64
Capítulo XIV	70
Capítulo XV	74
Capítulo XVI	78
Capítulo XVII	87
Capítulo XVIII	97
Capítulo XIX	101
Capítulo XX	108
Capítulo XXI	116
Capítulo XXII	130
Capítulo XXIII	135
Capítulo XXIV	141
Capítulo XXV	156
Capítulo XXVI	165
Capítulo XXVII	173
Capítulo XXVIII	186

CAPÍTULO I

— Não veio ainda, Piotr? — indagava, em 20 de maio de 1859, um senhor que aparentava uns quarenta anos de idade, saindo sem chapéu à porta da hospedaria da estrada N. Vestia um capote empoeirado e calça xadrez. Aquelas palavras eram dirigidas a um criado seu, moço de rosto largo, com barba loira e rala no queixo, e olhos estreitos e turvos.

O criado tinha algo de particular: usava brinco barato numa das orelhas, cabelos tingidos e de cor indefinida, e seus movimentos respeitosos eram os de um homem moderno pertencente a uma geração adiantada. Escrutando com o olhar a estrada que se estendia a perder de vista respondeu com uma calma e distinção que lhe pareciam peculiares:

— Não vejo ninguém ainda.
— Não vê mesmo nada? — tornou o fidalgo.
— Nada, senhor — respondeu o criado.

O fidalgo suspirou e acomodou-se num banco. Enquanto está sentado à espera de alguém, de pernas cruzadas e olhando pensativamente em torno, vamos travar conhecimento com ele.

Chama-se Nicolau Petrovitch Kirsanov. A quinze quilômetros da hospedaria, possui uma propriedade agrícola com duzentos servos. Segundo suas próprias palavras, depois de resolver a questão agrária com os mujiks, organizou suas fazendas de dois mil hectares de terra. Seu pai, general em 1812, era um russo, quase analfabeto, rude, mas não totalmente mau. Toda a sua vida a dedicara ao exército e à sua rotina. Foi primeiramente general de brigada, depois general de divisão, passando a seguir à atividade na província, onde, por seu posto no exército, desempenhava papel de destaque. Nicolau Petrovitch nasceu no sul da Rússia, assim como seu irmão mais velho Pavel, de quem falaremos mais adiante. Foi educado em casa até aos quatorze anos de idade, cercado de preceptores medíocres, ajudantes-de-ordens manhosos e dados à bajulação, e outras personalidades do regimento e do Estado Maior. Sua mãe, pertencente à família Koliasin,

Ágata quando solteira e Agafoklea Kusminichna Kirsanova quando generala, pertencia à classe das "mães-comandantes"; usava toucas de rendas e vestidos farfalhantes de seda. Na igreja era a primeira a beijar a cruz; falava alto e demasiado; permitia pela manhã que seus filhos lhe beijassem as mãos, à noite lhes dava a bênção e, em última palavra, vivia sossegadamente e a seu belprazer. Na qualidade de filho de general, Nicolau Petrovitch — que nunca foi corajoso e até passava por covarde — foi obrigado, como seu irmão Pavel, a fazer o serviço militar.

Entretanto fraturou uma perna no mesmo dia em que recebeu a comunicação da sua incorporação no exército. Passou dois meses de cama, e ficou "aleijadinho" para toda a vida. O pai não se importou com o caso e concordou com a sua carreira civil. Levou-o a S. Petersburgo, quando completou dezoito anos, matriculando-o na Universidade. Ao mesmo tempo, seu irmão ingressou num regimento da Guarda Imperial. Os rapazes passaram a viver juntos, no mesmo apartamento, sob os cuidados do tio por parte materna, Ilia Koliasin, alto funcionário do Estado. O pai voltou ao comando da divisão e à companhia da esposa. De quando em quando enviava, aos filhos, pelo correio, grandes folhas de papel acinzentado cheias de letras amplamente desenhadas pelo escrivão do regimento. No fim de todos esses escritos apareciam infalivelmente, em caligrafia caprichada, as seguintes palavras: "Piotr Kirsanov, general de brigada". Em 1835, Nicolau Petrovitch deixou a Universidade, candidato à docência do mesmo estabelecimento. No mesmo ano, o general Kirsanov, reformado em conseqüência de uma revista militar infeliz, chegou a S. Petersburgo, em companhia da esposa, para ali fixar residência. Logo após ter alugado uma casa próxima ao Jardim de Táurida e haver-se inscrito como sócio do Clube Inglês, morreu repentinamente de um colapso. Agafoklea Kusminichna seguiu-o, pouco depois, ao túmulo: nunca pudera habituar-se à vida obscura na capital. A nostalgia causada pela reforma militar, prematura a seu ver, consumiu-a.

Nicolau Petrovich, ainda em vida dos pais e bem contra a vontade deles, apaixonou-se pela filha do funcionário público Prepolovenski, senhorio da sua casa. Era uma boa moça e, como se diz vulgarmente, educada. Nas revistas, lia somente os artigos sérios, subordinados ao título geral "Parte Científica". Casou-se com ela, logo que passou o período de luto e, abandonando o ministério, onde seu pai lhe conseguira um emprego por proteção, gozou as delícias da vida em companhia de sua Macha. Primeiramente numa vila perto do Instituto Florestal, a seguir na cidade, num pequeno e lindo apartamento, de escada muito limpa e sala de visitas um pouco fria, e por fim no campo, onde se instalou definitivamente e onde nasceu o primeiro filho, de nome Arcádio. Os esposos viviam otimamente. Nunca ou quase nunca se separavam um do outro; liam juntos, tocavam piano a quatro mãos, cantavam duetos. Ela plantava flores, tratava das aves e ele praticava a caça e administrava a propriedade. Arcádio crescia tranqüilamente. Passaram assim dez anos como um sonho. Aos 47 anos, faleceu a esposa de Kirsanov. Foi bastante rude este golpe. Em poucas semanas ficou de cabelos brancos. Quis ir para o estrangeiro, afim de distrair-se, mas... veio o ano 48. Contra sua vontade, voltou ao campo e, após prolongada inatividade, foi absorvido temporariamente pelas preocupações domésticas. No ano de 55, levou o filho para matricular na Universidade. Passou com ele três invernos em S. Petersburgo, não indo quase a parte alguma. Travou relações com os jovens colegas do filho. Durante o último inverno, Arcádio não pôde visitar o pai. E vemo-lo, agora, em maio de 1859, de cabeça inteiramente alva, obeso, corcunda até. Espera o filho que, no curso da Universidade, recebeu o grau de candidato ao cargo de catedrático.

 O criado, por um sentimento de respeito e talvez evitando os olhares do amo, foi ao portão para acender o cachimbo. Nicolau Petrovitch inclinou a fronte tristemente, e pôs-se a examinar os velhos degraus da escada. Um pinto gorduchinho e de penugem irisada percorria os degraus, raspando o chão com as suas patinhas amarelas. Uma gata muito suja olhava-o atenta e hostilmente, encostada ao corrimão. O sol ardia. Do vestíbulo escuro da hospedaria vinha um cheiro de pão quente de centeio.

 Nicolau Petrovitch continuava meditativo.

— Meu filho é candidato... meu pequeno Arcádio...

 Esta idéia não lhe saía da cabeça, por mais que se esforçasse por pensar noutra coisa. Voltava imperiosa, sempre.

 Lembrou-se da sua falecida esposa.

— Não chegou a sentir a alegria deste momento... — pensou com tristeza.

Um gordo pombo azul desceu à estrada para saciar a sede numa poça vizinha da cisterna. Nicolau Petrovitch fitava-o atentamente, ao passo que seus ouvidos já percebiam distintamente o ruído das rodas do carro que se aproximava.

— Parece que estão chegando — disse o criado, saindo do portal.

Nicolau Petrovitch estremeceu e lançou um olhar à estrada. Apareceu um carro tirado por três animais, onde ele podia distinguir à distância o gorro de estudante universitário e os traços imprecisos de um ente querido...

— Arcacha! Arcacha! — exclamou Kirsanov, e correu agitando os braços.

Momentos depois, seus lábios tocavam enternecidamente o queixo barbeado, empoeirado e moreno do jovem candidato à cátedra universitária.

CAPÍTULO II

— Deixe-me ao menos respirar, papai — dizia com voz vibrante o jovem, e ao mesmo tempo, alegre e expansivo, correspondia às gentilezas paternas: — Cuidado com o pó. Não me responsabilizo pela sua *toilette*...

— Não importa — repetia Nicolau Petrovitch, sorrindo comovido. E, batendo na gola do capote do filho e no seu próprio sobretudo, disse, afastando-se um pouco: — Como você está mudado, que rapagão!

E encaminhou-se imediatamente para a hospedaria, dizendo ao filho: — Por aqui — e para o criado: — Quero cavalos; depressa!

Nicolau Petrovitch parecia mais agitado que seu filho. Aparentava confusão e receio. Arcádio observou-lhe:

— Papai, quero apresentar-lhe meu bom amigo Bazarov, sobre quem lhe falei tantas vezes em minhas cartas. É tão gentil, que resolveu ser nosso hóspede por alguns dias.

Nicolau Petrovitch voltou-se, e, dirigindo-se a um rapaz alto que trajava um capote exageradamente comprido, agaloado, que acabava de sair do carro, apertou-lhe fortemente a mão nua e vermelha que lhe foi oferecida de boa vontade.

— Muito obrigado — disse; agradeço-lhe a gentileza e a bondade de nos visitar. Espero, senhor?...

— Eugênio Vassilievitch — respondeu Bazarov com voz indolente, porém máscula. Descendo a gola do capote, mostrou a Nicolau Petrovitch o seu rosto estreito e magro, com a testa larga e projetada para trás, nariz aquilino, grandes olhos verdes e suíças de um loiro esbranquiçado, tudo iluminado por um sorriso tranqüilo que exprimia confiança em si e inteligência.

— Espero, caríssimo Eugênio Vassilievitch, que lhe agrade a nossa casa — continuou Nicolau Petrovitch.

Os lábios finos de Bazarov mal se moveram. Nada respondeu. Limitou-se a levantar ligeiramente o gorro. Seus cabelos castanho-claros, espessos e compridos, não ocultavam as saliências bem pronunciadas do seu crânio.

— Que faremos então, Arcádio — tornou Nicolau Petrovitch, falando ao filho. — Convém preparar os cavalos? Querem descansar um pouco?

— Descansaremos em casa, papai. Mande preparar a condução.

— Imediatamente — disse o pai. — Olá, Piotr, está ouvindo? Fica tudo a seu cuidado. Depressa.

Piotr, criado modelo, que não beijava a mão do jovem fidalgo, apenas inclinando-se diante dele, e isso mesmo à distância, desapareceu novamente pelo portão.

— Tenho meu carro aqui. Para o seu também reservei três animais — dizia preocupado Nicolau Petrovitch, enquanto Arcádio bebia água de uma vasilha de ferro que lhe trouxe a dona da hospedaria. Nesse ínterim, Bazarov acendia seu cachimbo e aproximava-se do cocheiro que desatrelava os animais.

— O carro só tem dois lugares. Não sei como se arranjará o seu amigo...

— Ele irá no outro carro — replicou em voz baixa Arcádio. — Por favor, não tenha cerimônia com ele. É um bom rapaz. Muito simples, como há de ver.

O cocheiro de Nicolau Petrovitch levou os animais para fora.

— Vamos, barbudo! — disse Bazarov, dirigindo-se ao cocheiro.

— Está ouvindo, Mitiucha — exclamou outro cocheiro, com as mãos nos bolsos do seu capote de peles — como lhe chamou o fidalgo? Você é mesmo barbudo. Mitiucha limitou-se a sacudir o seu gorro e puxou pelo freio o animal suado.

— Vamos, rapazes; depressa! — exclamou Nicolau Petrovitch. — Terão uma boa gorjeta.

Em alguns minutos os animais estavam atrelados. O pai e o filho acomodaram-se num carro. Pedro subiu à boléia. Bazarov tomou outro carro e recostou a cabeça numa almofada de couro. Ambos os carros partiram.

CAPÍTULO III

— Finalmente o vejo em casa, candidato à Universidade — disse Nicolau Petrovitch, batendo ora no ombro ora no joelho de Arcádio. — Finalmente!

— E o tio como está passando? — perguntou Arcádio. Apesar da alegria sincera e quase infantil de que lhe transbordava a alma, Arcádio se esforçava o mais possível por trocar o assunto palpitante por uma palestra comum.

— Está muito bem. Queria vir comigo. Resolveu o contrário. Não sei porque.

— E você, me esperou muito tempo?

— Umas cinco horas.

— Boníssimo! Que paciência!

Arcádio, voltando vivamente para o pai, beijou-o rumorosamente na face. Nicolau Petrovitch riu-se em silêncio, satisfeito.

Reservei um excelente cavalo para você! — começou ele. — Logo o verá. As paredes do seu quarto foram forradas de papel.

— Temos um quarto para Bazarov?

— Teremos um para ele também.

— Faça-me um favor, papai. Trate-o bem. Nem pode imaginar como aprecio sua amizade.

— Conhece-o há muito?

— Há pouco.

— Não tive ocasião de vê-lo durante o inverno passado. Que faz ele?

— Dedica-se de preferência às ciências naturais. E sabe tudo. O ano que vem, pretende ser médico.

— Ah, sim! — observou Nicolau Petrovitch, — Faculdade de Medicina. Piotr —acrescentou, estendo a mão, — serão os nossos *mujiks* que estão chegando?

Pedro olhou na direção indicada pelo amo. Alguns carros, puxados por animais sem freios, corriam rapidamente pelo caminho estreito. Em cada carro havia um ou dois *mujiks* com os capotes de peles abertos.

— Exatamente — disse Piotr.

— Vão para a cidade? — perguntou Arcádio.

— Parece que vão para a cidade. Para a taberna — respondeu Nicolau Petrovitch, com ar de desprezo voltando-se para o cocheiro, como se quisesse ouvir-lhe a opinião. Este nem se moveu. Era um homem à antiga e estranho às idéias modernas.

— Este ano tenho tanto trabalho com os meus *mujiks* — continuou Nicolau Petrovitch, dirigindo-se ao filho. — Não pagam as dízima. Que hei de fazer?

— Satisfazem-no os trabalhadores assalariados?

— Sim — respondeu por entre os dentes Nicolau Petrovitch. — Maltratam-nos, eis a verdade. Ainda não vi boa vontade para trabalhar. Estragam as peças de atrelar, mas aravam bem, apesar de tudo. Com paciência tudo se fará. Interessam-lhe porventura as coisas da fazenda?

— Não temos sombra suficiente, eis o que me preocupa — observou Arcádio, sem responder à última pergunta.

— Do lado norte mandei instalar uma marquise sobre o terraço — disse Nicolau Petrovitch. — Podemos agora tomar as refeições ao ar livre.

— Tudo isto tem certamente a aparência de vila... Mas não tem importância. Quer ar temos aqui! Que aroma! Nunca senti em parte alguma um aroma igual a este! E que céu...

Arcádio calou-se de repente, e olhou para trás algum tempo.

— Realmente — disse Nicolau Petrovitch, — é natural: você nasceu aqui. Tudo deve parecer-lhe extraordinário...

— Para o homem é indiferente, papai, o lugar de nascimento.

— Mas...

— Não. Afirmo-lhe que é indiferente.

Nicolau Petrovich olhou para o filho de soslaio. Andaram meio quilômetro, sem reatarem a conversa.

— Não me lembro se lhe escrevi — principiou Nicolau Petrovitch, — sua antiga ama Egorovna faleceu.

— Será possível? Pobre velhinha! E Prokofitch ainda é vivo?

— Sim; é o ranzinza de sempre. Em suma, grandes mudanças você não encontrará em Mariino.

— Seu administrador é sempre o mesmo?

— Não. Tive que o substituir. Resolvi romper com todos os servos espontaneamente libertos ou, em última análise, não lhes confiar quaisquer tarefas de responsabilidade. (Arcádio indicou Pedro). *Il est libre, en effet* — disse baixinho Nicolau Petrovitch — e é o chefe da criadagem. Meu administrador atual descende de burgueses. Parece-me um homem ativo. Pago-lhe duzentos e cinqüenta rublos por ano. No mais — acrescentou Nicolau Petrovitch, passando a mão pela testa, o que era sinal de confusão íntima nele — já lhe disse que não encontrará mudanças em Mariino... isto é, para falar verdade: devo preveni-lo ainda de que...

Após um breve silêncio, continuou em francês:

— Um moralista severo estranhará minha sinceridade. Entretanto, em primeiro lugar não posso ocultá-lo e, depois, já sabe que sempre defendi princípios especiais nas relações entre pais e filhos. Quanto ao resto, evidentemente terá direito de censurar-me. Na minha idade... Afinal, essa... essa jovem de quem já deve ter ouvido falar...

— Fenitchka? — indagou com simplicidade Arcádio.

Nicolau Petrovitch corou.

— Não fale tão alto, por favor... Efetivamente... ela agora vive comigo. Instalei-a em casa... em dois pequenos quartos. Poderei fazer que se mude.

— Por que?

— Seu amigo será nosso hóspede... não está direito...

— Quanto a Bazarov, peço-lhe que não se preocupe. Ele está acima de tudo isso.

— Já sei quem você é — disse Nicolau Petrovitch. — O quarto é muito pequeno, eis o importante.

— Que diz! — exclamou Arcádio. — Parece que me pede desculpas. Não posso admitir isso.

— Com efeito, sinto-me envergonhado — respondeu Nicolau Petrovitch, corando cada vez mais.

— Basta, papai, basta por favor! — disse Arcádio, sorrindo maliciosamente. "Que pecado pretende expiar!" pensou. Um sentimento de compaixão para com o bom pai e uma sensação de perfeição desconhecida inundaram-lhe a alma. — Basta, por favor — repetiu ainda, sentindo-se plenamente satisfeito com a sua própria madureza e liberdade.

Nicolau Petrovitch fitou-o por entre os dedos, com que continuava a esfregar a testa. Algo tocara-lhe dolorosamente o coração... Assim mesmo, acusou-se a si próprio.

— Já estamos vendo as nossas terras — disse, após longo silêncio.
— Lá adiante é o nosso bosque? — perguntou Arcádio.
— É ele mesmo. Vendi-o, porém. Esse ano será derrubado.
— Por que o vendeu?
— Precisava de dinheiro. Além disso essa terra passa aos *mujiks*.
— Os que não lhe pagam a dízima?
— Isso é com eles. Hão de pagar um dia.
— Tenho pena do bosque — observou Arcádio.

Os lugares por onde passavam não se podia dizer que fossem pitorescos. Campos e mais campos estendiam-se até ao horizonte, ora elevando-se suavemente, ora abaixando-se de novo. Aqui e acolá se viam pequenos bosques e depressões com uma vegetação escassa de arbustos, lembrando perfeitamente a sua representação nas antigas plantas do tempo de Catarina II. Riachos com as margens escavadas e pequenas represas gastas pelo tempo, assim como aldeias de cabanas baixas de telhados escuros e mal conservados; pequenos depósitos de debulhar o trigo, tortos e com as paredes feitas de varas trançadas; igrejas, ora de alvenaria com o reboco gasto em alguns lugares, ora de madeira com as cruzes inclinadas; e cemitérios devastados. O coração de Arcádio confrangia-se pouco a pouco. Por uma coincidência, os *mujiks* que encontrava eram todos maltrapilhos e conduziam animais magríssimos. À semelhança de verdadeiros mendigos esfarrapados, as árvores que ladeavam a estrada estavam descascadas e com os galhos partidos. As vacas, magras, peladas e esqueléticas, devoravam sofregamente a escassa erva das valetas. Parecia até que acabavam de livrar-se das garras ferozes e mortíferas de algum monstro. O triste aspecto dos animais exaustos, num dia avermelhado de primavera, evocava o fantasma branco de um inverno lúgubre e interminável com as suas tempestades, frios e gelos... "Não — pensou Arcádio não é muito rica esta região. Não impressiona pela opulência e pelo trabalho. Não pode ficar assim; impõem-se reformas... mas como executá-las, como iniciá-las?..."

Assim pensava Arcádio... e, enquanto isso, a primavera fazia valer os seus direitos. Tudo em redor era de um verde doirado. Tudo se agitava ampla e suavemente, ondulando ao sopro de uma brisa quente. Tudo — árvores, arbustos e relva. Por toda parte vibrava interminavelmente o canto das aves que pairavam bem alto sobre os prados e saltitavam de moita em moita. Como manchas escuras no verde intenso dos campos semeados, passeavam as gralhas, eu desapareciam nos campos de centeio já esbranquiçados. De quando em quando, surgiam-lhe as cabecinhas no ondulante oceano do trigal. Arcádio contemplava a paisagem. Enfraquecendo pouco a pouco, suas reflexões desapareciam... Deixando o capote, fitou com tanta alegria o pai, que este não pôde deixar de abraçá-lo de novo.

— Agora estamos perto — disse Nicolau Petrovitch. — Basta subir este morro e veremos nossa casa. Vamos viver bem, Arcacha. Há de ajudar-me nos trabalhos da fazenda, se isso não o aborrecer. Temos necessidade agora de nos aproximarmos um do outro, de nos conhecermos bem, não é verdade?

— Perfeitamente! — respondeu Arcádio, e olhando em volta: — Que lindo dia faz hoje!

— É uma homenagem à sua chegada, meu filho. A primavera manifesta-se em todo o seu esplendor. Concordou, porém, com Puchkine: lembra-se que diz ele no seu poema *Eugênio Onieguine*?

Quão triste é, na primavera,
Quadra do amor, o reflorir...

— Arcádio! — chamou do outro carro a voz de Bazarov. — Mande-me fósforos para acender o cachimbo.

Nicolau Petrovitch calou-se, enquanto Arcádio que estava já ouvindo-o um tanto admirado e até com certo interesse, se apressava em tirar do bolso uma caixa de prata com fósforos, enviando-a a Bazarov por intermédio de Piotr.

— Quer um cigarro? — gritou novamente Bazarov.

— Mande — respondeu Arcádio.

Piotr voltou, entregando-lhe juntamente com a caixa um grosso cigarro escuro que Arcádio acendeu logo, espalhando em torno de si o cheiro forte e azedo de um fumo ordinário. Nicolau Petrovitch, que nunca fumara em sua vida, foi obrigado, ainda que imperceptivelmente, para não desgostar o filho, a voltar o rosto.

Um quarto de hora depois, ambos os carros paravam diante de uma casa nova, de madeira, pintada de cor de cinza, com telhado vermelho. Era Mariino, *Novaia Slobodka* ou, segundo os *mujiks*, "Aldeia dos Solteirões".

CAPÍTULO IV

Não apareceu uma chusma de criados para receber os amos. Veio somente uma pequena de uns doze anos, e depois dela saiu da casa um moço parecido com Piotr, vestindo um librê cinzenta de botões brancos. Era o criado particular de Pavel Petrovitch Kirsanov. Abriu silenciosamente a portinhola do carro e levantou o toldo. Nicolau Petrovitch, em companhia do filho e de Bazarov, dirigiu-se a um salão quase escuro e vazio, à entrada do qual surgiu um rosto jovem de mulher. Foram todos à sala de visitas, arranjada modernamente.

— Finalmente estamos em casa — disse Nicolau Petrovitch, tirando o gorro e sacudindo a cabeleira. — O essencial agora é uma boa mesa e repouso.

— Não é mau comer alguma coisa — observou Bazarov, espreguiçando-se e ocupando um lugar no sofá.

— Preparem a mesa depressa — ordenou Nicolau Petrovitch, batendo sem motivo algum os pés no chão. — A propósito, aqui está Prokofitch.

Acabava de entrar um homem de uns sessenta anos de idade, de cabelos brancos, magro e moreno, trajando uma casaca cor de castanha com botões de cobre e um lenço cor de rosa ao pescoço. Sorriu, cumprimentou os recém-vindos, e colocou-se junto à porta de mãos às costas.

— Aqui está o nosso Prokofitch — começou Nicolau Petrovitch. — Finalmente meu filho veio... Como você o acha?

— Acho que está otimamente — respondeu o velho, sorrindo de novo e em seguida franzindo a testa. Devo servir a mesa? — indagou significativamente.

— Sim, faça-me o favor. Não quer visitar primeiro o seu quarto, Eugênio Vassilievitch?

— Não, obrigado. Não é necessário. Peço apenas que levem para lá minha maleta e este casaco — acrescentou ele, tirando o seu capote.

— Muito bem. Prokofitch, leve o capote deste senhor. (Prokofitch, desajeitadamente, pegou com ambas as mãos o capote de Bazarov e, erguendo-o bem alto sobre a cabeça, afastou-se na ponta dos pés). E você, Arcádio, irá ao seu quarto?

— Acho bom; preciso arranjar-me um pouco — respondeu Arcádio, e dirigiu-se imediatamente para a porta. Nesse instante entrava na sala de visitas um homem de estatura mediana, vestindo um escuro *suit* inglês, de colarinho baixo à última moda e sapatos de verniz. Este homem era Pavel Petrovitch Kirsanov. Aparentava uns quarenta e cinco anos de idade. Seus cabelos grisalhos, bem cortados, tinham reflexos escuros como prata nova. Seu rosto bilioso mas sem rugas, admiravelmente regular e puro, como esculpido por um cinzel fino e leve, revelava traços de notável beleza. Belos principalmente eram-lhe os olhos, negros e rasgados. Todo o aspecto do tio de Arcádio, imponente e nobre, conservou a firmeza juvenil e aquela tendência para a elevação, para longe da terra, a qual na maioria das vezes, desaparece depois dos vinte anos de idade.

Pavel Petrovitch tirou do bolso da calça, sua linda mão de unhas longas e rosadas, mão que parecia ainda mais linda junto da nívea alvura do punho da camisa com uma grande opala servindo de abotoadura. Estendeu aquela mão ao sobrinho. Após o prévio e europeu *shake-hand,* ele por três vezes, à russa, beijou-o, isto é, três vezes encostou os seus bigodes perfumados às faces de Arcádio e disse: — Seja bem-vindo.

— Nicolau Petrovitch apresentou-o a Bazarov. Pavel Petrovitch curvou ligeiramente sua flexível espinha e sorriu, mas não lhe deu a mão e até a enfiou novamente no bolso.

— Já estava certo de que não viriam hoje — disse com voz agradável, movendo os ombros e mostrando seus lindos dentes brancos. — Aconteceu alguma coisa no caminho?

— Nada nos aconteceu — respondeu Arcádio. Demoramos um pouco. Em compensação, temos fome de lobos. Pai, faça com que Prokofitch se apresse. Voltarei logo.

— Quem é este?— indagou Pavel Petrovitch.

— É um amigo de Arcacha. Segundo me disse, é um homem inteligente e culto.

— Será nosso hóspede?

— Sim.
— Esse barbudo e cabeludo?
— Ele mesmo.
Pavel Petrovitch tamborilou com as unhas na mesa.
— Acho que Arcádio *s'est dégourdi* — observou. Estou satisfeito com a sua volta.
A mesa, conversaram pouco. Bazarov, principalmente, nada dizia e comia muito. Nicolau Petrovitch contava diversos casos da sua vida de lavrador, como dizia. Discutia as futuras medidas do governo, as comissões, os deputados, a necessidade de usar máquinas e assim por diante. Pavel Petrovitch a passos lentos andava pela sala de jantar, de um lado para outro, (nunca jantava), bebendo *de* quando em quando, *de* uma taça cheia, o vinho tinto; raramente proferia qualquer observação ou antes exclamação indefinível. Arcádio comunicou algumas novidades de S. Petersburgo, experimentando um certo embaraço que comumente se apodera dos jovens, quando deixam de ser adolescentes e voltam ao lugar onde todos estão habituados a considerá-los ainda crianças. Sem necessidade alguma, prolongava a narração, evitando a palavra "papai" e substituindo-a pelo simples termo "pai", que pronunciava por entre dentes. Com desenvoltura excessiva, pôs mais vinho na sua taça, e bebeu-o todo. Prokofitch não tirava dele os olhos e seus lábios se moviam, parecendo mastigar alguma coisa. Depois da refeição, todos se separaram.

— É muito engraçado seu tio — dizia a Arcádio, Bazarov, que estava sentado junto à cama, de "chambre" e fumando um cachimbo curto.

— Que extraordinária elegância numa aldeia! As suas unhas deviam figurar numa exposição!

— Você não sabe que ele foi o maior conquistador do seu tempo — respondeu Arcádio. — Um dia contar-lhe-ei a sua história. Foi o mais belo homem da sua época. Transtornava a cabeça das mulheres.

— Ah, é assim? Ainda se lembra do passado. Infelizmente, aqui não tem ninguém para seduzir. Observei-o: que admiráveis colarinhos usa! Parecem feitos de pedra. E tem as faces caprichosamente barbeadas. Arcádio Nikolaievitch, não é ridículo tudo isso?

— É possível. Mas é um bom homem.

— Uma verdadeira reminiscência arcaica! Seu pai é uma ótima pessoa. Lamento que leia versos, e pouco entenda da vida do campo.

— Meu pai é um homem extraordinário.

— Percebeu que tem um certo receio ou acanhamento?

Arcádio fez um gesto afirmativo com a cabeça, como se ele mesmo não receasse coisa alguma.

— São admiráveis — continuou Bazarov, — esses velhos românticos! Relaxam seu sistema nervoso até à irritação... Perdem assim o equilíbrio. Adeus por enquanto. No meu quarto há um lavatório inglês e a fechadura não funciona. Apesar de tudo, os lavatórios ingleses merecem apoio: constituem progresso!

Bazarov saiu, e Arcádio sentiu uma extraordinária alegria.

É tão bom adormecer na casa paterna, no leito bem conhecido, sob um bom cobertor, leito talvez carinhosamente preparado e arrumado pelas boas e infatigáveis mãos de sua ama! Arcádio lembrou-se de Egorovna e suspirou, desejando-lhe de todo o coração o Reino dos Céus... Nunca rezava em seu próprio benefício.

Ele e Bazarov adormeceram imediatamente. As outras pessoas da casa ainda não dormiam. A volta do filho agitou muito Nicolau Petrovitch. Deitou-se e, sem apagar a vela, ficou refletindo durante muito tempo. Seu irmão ficou muito além da meia-noite no seu gabinete, sentado diante da lareira, onde ardia fracamente o carvão de pedra. Pavel Petrovitch não se despiu. Substituiu apenas os seus sapatos pelos chinelos vermelhos sem salto. Em suas mãos se via o último número de Calignani, que não lia. Olhava fixamente a lareira onde, ora morrendo ora ardendo de novo, tremia uma chama azulada... Deus sabe onde vagavam os seus pensamentos. Não o preocupava somente o passado. A expressão do seu rosto era concentrada e triste, o que não acontece quando o homem está preocupado apenas com as suas recordações. No pequeno aposento contíguo, sobre uma grande mala, trajando uma blusa azul e com um lenço branco na cabeça morena, estava sentada uma mulher jovem, de nome Fenitchka. Já escutando já cochilando, observava uma porta aberta onde se via um berço e se ouvia a respiração regular de uma criança adormecida.

CAPÍTULO V

Na manhã seguinte Bazarov acordou antes de todos, e saiu de casa. "Olá! — pensou ele, olhando em redor — o lugar aqui não é muito bonito".

Quando Nicolau Petrovitch repartiu a terra com os seus servos, coube-lhe para a nova fazenda uns quatro hectares de uma área plana e quase deserta.

Construiu a casa, suas dependências e toda a sede da fazenda, plantou um pomar, fez uma represa e dois poços. As árvores ainda tenras não frutificavam, a represa estava quase vazia e a água dos poços tinha gosto salobro.

O que ficou bem foi apenas um caramanchão de acácias, onde, às vezes, se tomava chá e se jantava. Bazarov em poucos minutos percorreu todo o pomar, entrou no curral, foi à cocheira, travou conhecimento com dois moleques da fazenda e dirigiu-se com eles ao pequeno pântano, a um quilômetro de distância, em busca de rãs.

— Para que o senhor quer rãs? — perguntou um dos moleques.

— Já lhe vou dizer para quê — respondeu-lhe Bazarov, que possuía um especial dom de conquistar a confiança das pessoas de classe inferior, ainda que nunca concordasse com elas e as tratasse com pouco caso. — Eu corto a rã para ver o que há dentro dela. Como nós também somos uma espécie de rãs, de duas pernas apenas, poderei saber o que temos dentro de nós.

— E para que o senhor quer saber?

— Para não me enganar se você ficar doente e eu precisar curá-lo.

— O senhor é médico?

— Sou.

— Vaska, está ouvindo? Este senhor está dizendo que eu e você somos rãs. Não é engraçado?

— Tenho muito medo das rãs — observou Vaska, menino de sete anos, de cabeça branca como linho, rebuçado com a gola do capote e descalço.

— Tem medo por que? Elas mordem?

— Vamos, entrem na água, filósofos — disse Bazarov.

Por esse tempo, Nicolau Petrovitch acordou também, e foi ter com Arcádio a quem encontrou vestido. Pai e filho saíram para o terraço, sob a marquise. Ali, sobre a mesa, entre dois ramalhetes de flores, já fervia o "samovar". Apareceu uma pequena, a que viera na véspera ao encontro dos recém-chegados. Disse com sua voz fina:

— Fedossia Nikolaievna não está e não pode vir. Mandou perguntar se servirão o chá, ou querem que o faça Duniacha?

— Eu mesmo servirei — respondeu apressadamente Nicolau Petrovitch.

— Você, Arcádio, como quer o chá? Com creme ou limão?

— Com creme — respondeu Arcádio. Depois de um breve silêncio, interrogou:

— Papai?

Confuso, Nicolau Petrovitch olhou para o filho.

— Que quer? — disse ele.

Arcádio baixou os olhos.

— Perdoe-me, papai, se minha pergunta lhe parece inconveniente — começou ele, — mas você mesmo, com a sua franqueza de ontem, me impele para a franqueza... Você não fica zangado?

— Fale.

— Permita-me a liberdade de perguntar-lhe.... Será que Fenia... não vem servir o chá porque estou aqui?

Nicolau Petrovitch voltou-se ligeiramente para um lado.

— É possível — disse afinal. Ela supõe... tem vergonha...

Arcádio fitou o pai.

— Não deve ter vergonha. Em primeiro lugar, você conhece o meu modo de pensar (Arcádio pronunciou estas palavras com prazer); em segundo, com que propósito vou intervir na sua vida, nos seus hábitos? Além disso, estou certo de que não podia ter feito má escolha. Se permitiu que ela morasse com você sob o mesmo teto é porque ela o merece. Em todo caso, o filho não pode ser juiz do pai, principalmente eu, em se tratando de um pai como você, que nunca e em coisa alguma me tolhe a liberdade.

A voz de Arcádio tremia a princípio. Sentia-se generoso e compreendia ao mesmo tempo que estava dando uma espécie de conselho a seu pai. As suas próprias palavras exerciam uma certa influência sobre o homem.

Arcádio pronunciou as últimas palavras com firmeza.

— Obrigado, Arcacha — falou em voz baixa Nicolau Petrovitch. Passou de novo os dedos pelas sobrancelhas e pela testa. — Suas suposições são realmente justas. De fato, se essa jovem não merecesse... não se trata de uma inclinação volúvel. Não me é fácil falar com você sobre esse assunto. Compreende que lhe seria difícil e penoso vir até nós na sua presença e principalmente no primeiro dia que você está aqui.

— Nesse caso eu mesmo vou visitá-la — disse Arcádio sentindo um novo afluxo de sentimentos generosos e levantando-se da cadeira. — Explicar-lhe-ei tudo para que não tenha acanhamento em minha presença.

Nicolau Petrovitch também se levantou.

— Arcádio — sugeriu ele, — por favor... é impossível... ainda não o preveni de tudo...

Mas Arcádio já o não ouvia e fugiu do terraço. Nicolau Petrovitch olhou o filho que se afastava e, comovido, tornou a sentar-se.

Seu coração batia forte... Pensou um momento na inevitável estranheza das futuras relações entre ele e o filho. Não seria prova de maior respeito da parte de Arcádio não tocar naquele assunto?

Acusar-se-ia da própria fraqueza?

Seria difícil responder. Todos esses sentimentos lhe residiam no íntimo em forma de sensações imprecisas. E o seu rosto corava e o coração batia fortemente.

Ouviram-se passos apressados e Arcádio apareceu no terraço.

— Já nos conhecemos, pai! — exclamou com expressão de alegria carinhosa e boa no rosto. — Fedosia Nikolaievna efetivamente está hoje um pouco indisposta. Virá mais tarde. Por que não me disse que eu tinha um irmão? Ontem mesmo lhe daria um beijo, como acabo de fazê-lo agora.

Nicolau Petrovitch quis dizer qualquer coisa erguer-se e abrir os braços... Arcádio abraçou-o mais uma vez.

— Que significa isto? Novos abraços? — Ouviu-se a voz de Pavel Petrovitch.

Pai e filho ficaram satisfeitíssimos com o seu aparecimento.

Existem situações bastante comoventes, de que todos querem sair o mais depressa possível.

— Que há de mais nisto — perguntou alegremente Nicolau Petrovitch.

— Em que idade consegui eu tornar a ver Arcacha... Desde ontem não pude ainda examiná-lo de perto.

— Não me admira — disse Pavel Petrovitch. — Eu também estou pronto a abraçá-lo.

Arcádio aproximou-se do tio. Sentiu novamente em suas faces o contacto daqueles bigodes perfumados. Pavel Petrovitch sentou-se à mesa. Trajava um vestuário matinal elegante, à inglesa. Trazia na cabeça um pequeno turbante. O turbante e a gravata de laço negligente indicavam a liberdade da vida de campo. Contudo, o colarinho apertado da camisa, de cor, de acordo com a hora matinal, tocava de perto o seu queixo barbeado.

— Onde está seu amigo? — perguntou dirigindo-se a Arcádio.

— Não está em casa. Costuma levantar-se cedo e andar em qualquer parte. O principal é que ninguém lhe preste muita atenção. Não gosta de cerimônias.

— Já o percebi. — Pavel Petrovitch, lentamente, começou a passar manteiga no pão. — Durante quanto tempo se hospedará entre nós?

— Conforme. Está aqui de passagem, a caminho da casa de seu pai.

— Onde mora seu pai?

— Nesta mesma província, a uns oitenta quilômetros daqui. Tem lá uma pequena propriedade. Serviu antigamente como médico do exército.

— Bem... é por isso que me recordo vagamente deste nome: Bazarov... Nicolau, não se lembra de que na divisão comandada por nosso pai havia um médico de nome Bazarov?

— Parece que sim.

— É isso mesmo. Então esse médico é pai dele. Muito bem! — Pavel Petrovitch cofiou os bigodes. — Este mesmo senhor Bazarov quem é, em suma? — indagou pausadamente.

— Quem é Bazarov? — perguntou sorrindo Arcádio. — Quer, meu tio, que lhe diga, quem é de fato?

— Faça-me o favor, meu caro sobrinho.

— Ele é niilista.

— Como? — perguntou Nicolau Petrovitch, enquanto Pavel Petrovitch erguia a faca com um pouco de manteiga na ponta.

— Ele é niilista — repetiu Arcádio.

— Niilista — disse Nicolau Petrovitch — vem do latim, e significa: *nihil* — nada, segundo eu sei. Quer dizer que essa palavra se refere ao homem que... em nada crê ou nada reconhece?

— Pode dizer: O homem que nada respeita — explicou Pavel Petrovitch, voltando novamente sua atenção para a manteiga.

— Aquele que tudo examina do ponto de vista crítico — sugeriu Arcádio.

— Não é a mesma coisa? — perguntou Pavel Petrovitch.

— Não, não é o mesmo. O niilista é o homem que não se curva perante nenhuma autoridade e que não admite como artigo de fé nenhum princípio, por maior respeito que mereça...

— E isso está bem? — interrompeu Pavel Petrovitch.

— Depende, tio. Para alguns está bem e para outros não.

— Vejo que essa doutrina não se refere a nós. Somos homens do século passado e supomos que, sem os princípios (Pavel Petrovitch pronunciava esta palavra suavemente, à francesa; Arcádio, pelo contrário, proferia-a, à russa, carregando a primeira sílaba), sem os princípios transformados, como você disse, em artigos de fé, não é possível dar um passo, nem mesmo respirar. *Vous avez changé tout cela*, que Deus lhes dê saúde e posto de general. Ser-nos-á muito agradável apreciar a sua obra, senhores... como se chamam mesmo?

— Niilistas — pronunciou claramente Arcádio.

— Bem. Antes havia hegelistas, hoje há niilistas. Veremos como poderá viver no vácuo, no espaço sem ar. Por enquanto, mano Nicolau Petrovitch, toque a campainha e mande buscar meu chocolate, que já é tempo.

Nicolau Petrovitch tocou a campainha, e chamou: "Duniacha!" Em vez de Duniacha apareceu no terraço Fenitchka em pessoa. Era uma jovem de uns vinte e três anos, muito branca e de gestos suaves, cabelos negros e olhos da mesma cor, lábios infantis vermelhos e carnudos, e mãos delicadas. Trajava um vestido simples e limpo, de chita. Um chalé azul, novo, caía-lhe bem sobre os ombros roliços. Trazia uma chávena de chocolate que pôs diante de Pavel Petrovitch, corando intensamente. O sangue quente derramou-se numa onda rubra sob a pele fina do seu rosto adorável. Baixou os olhos e parou junto à mesa apoiando-se levemente às pontas dos dedos. Parecia-lhe que devia envergonhar-se, e ao mesmo tempo sabia que tinha o direito de ali estar.

Pavel Petrovitch franziu o cenho. Nicolau Petrovitch sentiu-se atrapalhado.

— Bom dia, Fenitchka — disse entre dentes.

— Bom dia — respondeu ela em voz baixa mas clara. Olhando de soslaio para Arcádio, que lhe sorria amavelmente, saiu sem fazer ruído. O seu andar era um tanto pesado, e assim lhe ia bem.

No terraço reinou silêncio por algum tempo. Pavel Petrovitch tomava seu chocolate. De súbito ergueu a cabeça.

— Lá vem o senhor niilista — disse a meia voz.

Efetivamente vinha Bazarov atravessando o jardim, passando entre os canteiros. Seu paletó e calça de brim estavam sujos de lama. A pegajosa vegetação do pântano esverdeara-lhe o chapéu velho e redondo. Na mão direita segurava um pequeno saco. No saco algo vivo se mexia. Aproximou-se a passos rápidos do terraço, e disse sacudindo a cabeça:

— Bom dia, senhores. Peço perdão por ter chegado tarde ao chá. Voltarei logo. Quero primeiramente instalar todas estas prisioneiras.

— Sanguessugas? — perguntou Pavel Petrovitch.

— Não; rãs.

— O senhor as come ou faz criações delas?

— Servem para experiências — disse com indiferença Bazarov, afastando-se.

— Vai começar a cortá-las — observou Pavel Petrovitch. — Não crê nos princípios, e acredita nas rãs.

Arcádio olhou para o tio com solicitude compassiva. Nicolau Petrovitch moveu imperceptivelmente os ombros. O próprio Pavel Petrovitch percebeu que sua observação fora infeliz. Passou a falar dos trabalhos da fazenda e do novo administrador que, na véspera, lhe fizera uma queixa contra o empregado Tomaz, que lhe causava muitos aborrecimentos. Disse-lhe, entre outras coisas: "É impossível esse Tomaz. Em toda parte mostrou ser um homem imprestável. Fica num lugar por algum tempo e sai idiota como lá chegou".

CAPÍTULO VI

Bazarov voltou, sentou-se à mesa e começou a tomar o chá rapidamente.

Ambos os irmãos o contemplavam em silêncio. Arcádio fixava imperceptivelmente ora o pai ora o tio.

— Esteve muito longe? — inquiriu afinal Nicolau Petrovitch.

— Ali, perto do bosque, existe um pequeno pântano. Encontrei alguma caça que você, Arcádio, poderá aproveitar.

— E o senhor não é caçador?

— Não.

— Está estudando física? — perguntou por sua vez Pavel Petrovitch.

— Física e ciências naturais em geral.

— Dizem que os alemães fizeram grandes progressos nessas ciências, durante os últimos tempos.

— Realmente, os alemães são os nossos mestres — respondeu secamente Bazarov.

Pavel Petrovitch empregara a palavra germanos em vez de alemães. Disse-o com intenção de ironia que ninguém percebeu.

— O senhor tem grande consideração pelos alemães? — indagou com refinda gentileza Pavel Petrovitch. Começava a sentir uma irritação íntima. Sua natureza aristocrática estava em oposição com a simplicidade de Bazarov no modo de expressar suas idéias. Este filho de curandeiro de aldeia não só se mostrava indiferente como também respondia rispidamente e de má vontade. Na sua voz transparecia um acento rude e quase provocante.

— Os sábios de lá são homens de valor.

— De acordo. E que pensa dos sábios russos? Terá a mesma opinião deles?

— Parece-me que não.

— É um louvável gesto de renúncia — disse Pavel Petrovitch, endireitando-se. — Por que então Arcádio Nikolaievitch nos afirmou há pouco que o senhor não reconhece nenhuma autoridade? Não deposita confiança nos nossos homens de ciências?

— De que vale reconhecer sua autoridade? Em que posso acreditar? Se me disserem algo de positivo, concordarei. Aí está.

— São todos os alemães homens positivos? — insistiu Pavel Petrovitch. E seu semblante assumiu tal expressão de alheamento e de indiferença, que ele parecia estar com o pensamento muito longe.

— Nem todos — respondeu num bocejo Bazarov, que visivelmente não desejava continuar o diálogo.

Pavel Petrovitch olhou para Arcádio, como se lhe dissesse: "O seu amigo é bem educado, não resta dúvida".

— Quanto a mim — continuou ele com algum esforço — eu, pecador, não aprecio os alemães. Não me refiro aos alemães russos: sabemos bem quem são. Não suporto os verdadeiros alemães. Ainda os antigos eram suportáveis. Tinham lá seu Schiller ou seu Goethe... Meu irmão, por exemplo, aprecia-os bastante... Agora temos somente químicos e materialistas...

— Um bom químico é vinte vezes mais útil que qualquer poeta — insinuou Bazarov.

— Ótimo — disse Pavel Petrovitch, parecendo adormecer e levantando levemente as sobrancelhas. — O senhor então não reconhece o valor da arte?

— A arte de ganhar dinheiro ou de curar hemorróidas? — perguntou Bazarov com um sorriso irônico.

— Muito bem; o senhor é espirituoso. Pelo que vejo, nega tudo? Quer dizer que acredita somente na ciência?

— Já lhe disse que não acredito em coisa alguma. A ciência? Que é a ciência em geral? Existem ciências como existem artes e profissões. A ciência de um modo geral não existe.

— Será também negativa sua atitude em face das demais instituições aceitas pela humanidade?

— Porventura estou depondo num inquérito? — perguntou Bazarov.

Pavel Petrovitch empalideceu ligeiramente... Nicolau Petrovitch julgou necessário intervir na conversa.

— Meu caro Eugênio Vassilievitch, teremos um dia ocasião de falar mais detalhadamente sobre este assunto. Conheceremos sua opinião, e o senhor a nossa. De minha parte estou satisfeito por saber que o senhor se dedica a ciência naturais. Já ouvi falar que Liebig fez admiráveis descobertas acerca da adubação dos campos. O senhor poderá auxiliar-me nos meus trabalhos agrícolas. Poderá dar-me alguns conselhos úteis.

— Estou às suas ordens, Nicolau Petrovitch. Estamos, porém, muito longe de Liebig! Primeiro convém aprender o A B C e depois tratar de ler o livro. Nós não vimos ainda um A frente a frente.

"É realmente um niilista" — pensou Nicolau Petrovitch.

— Mesmo assim, permita-me que recorra ao senhor em caso de necessidade — acrescentou em voz alta. — Agora vamos, mano. Precisamos conversar com o administrador.

Pavel Petrovitch levantou-se.

— Realmente — disse sem olhar para quem quer que fosse — é triste passar assim cinco anos no campo, longe das grandes inteligências!

Fica-se idiota. A gente se esforça por não esquecer o que aprendeu e eis que se verifica que tudo nada vale, porque lhe dizem que os homens de responsabilidade já não tratam dessa ninharias. Só falta então acusar-nos de homens acabados. Que se pode fazer? Parece que a juventude é mais inteligente que nós...

Pavel Petrovitch fez lentamente meia-volta e saiu devagar, acompanhado de Nicolau Petrovitch.

— Ele é sempre assim? — indagou tranqüilamente Bazarov, dirigindo-se a Arcádio, mal os dois irmãos saíram.

— Eugênio, você o tratou com extrema aspereza — observou Arcádio. — Ofendeu-o.

— Acha-me capaz de distrair esses aristocratas de província? Tudo isso não passa de amor-próprio, egoísmo, hábitos de conquistador e dandismo. Seria melhor que ele continuasse sua carreira em S. Petersburgo, se sua índole é essa... Mas pouco nos importa! Acabo de encontrar um raríssimo exemplar de besouro aquático; conhece o *Dystiscus marginatus?* Vou mostrar-lho.

— Prometi-lhe contar a sua história — disse Arcádio.

— A história do besouro?

— Nada de troças, Eugênio. A história do meu tio. Verá que ele não é o homem que supõe. Merece mais compaixão do que ironia.

Arcádio contou a seguir a história do seu tio. O leitor vai encontrá-la no capítulo seguinte.

CAPÍTULO VII

Pavel Petrovitch Kirsanov foi educado primeiramente em casa, assim como o seu irmão mais moço Nicolau. Passou em seguida ao Corpo de Pagens. Desde a infância atraía a atenção de todos pela sua extraordinária beleza. Era egoísta, um tanto divertido e extremamente irônico e mordaz. Não podia deixar de agradar a muita gente. Começou a aparecer por toda parte, logo que foi promovido a oficial do exército. Era adulado por todos e ele mesmo reconhecia o seu prestígio, fazendo-o valer ostensivamente e com certa petulância. Até isso lhe ficava bem. As mulheres apaixonavam-se doidamente por ele, os homens chamavam-no de *dandy* e secretamente o imitavam. Ele, como já disse, vivia em companhia de seu irmão a quem estimava sinceramente, embora não se parecesse com ele. Nicolau Petrovitch coxeava um pouco, tinhas traços fisionômicos miúdos, agradáveis e um tanto tristes, pequenos olhos negros e cabelos finos e macios. Entregava-se de boa vontade ao *dolce far niente*, lia muito e evitava as reuniões sociais. Pavel Petrovitch nunca passou uma tarde em casa. Era conhecido pela sua coragem e destreza (fez com que a ginástica fosse praticada pelos elegantes da sua época). Leu apenas cinco ou seis livros franceses. Ao vinte e oito anos de idade já era capitão. Esperava-o uma carreira brilhante. Repentinamente tudo mudou.

Naquele tempo, na alta sociedade de S. Petersburgo, aparecia de quando em quando uma mulher de quem todos se lembram até hoje: a princesa R. Era casada com um homem bem educado, distinto mas um tanto tolo. Não tinha filhos., Costumava viajar inesperadamente para o estrangeiro e também inesperadamente regressava à Rússia. Levava, em suma, uma vida esquisita. Todos a julgavam uma mulher leviana e faceira. Entregava-se de corpo e alma a toda espécie de prazeres, dançava até cair de cansaço, ria e pilheriava com os moços que recebia antes do jantar na penumbra da sua sala de visitas. A noite chorava e rezava, dificilmente se mantinha calma e, não raro, passava horas agitadas na alcova, torcendo com desespero as mãos, ou permanecendo pálida e fria a ler os salmos. Ao romper do dia novamente se transmudava em dama de alta sociedade, saía de novo, ria, conversava e parecia atirar-se de braços abertos a tudo que lhe proporcionasse a menor distração. Era admiravelmente bem feita. Sua trança cor de ouro e pesada como o próprio ouro caía-lhe abaixo dos joelhos. Não se poderia dizer que fosse formosa. Em seu rosto só eram belos os olhos e não propriamente os olhos — pequenos e cinzentos — mas o seu olhar rápido e profundo, impassível de coragem e pensativo de tristeza, um olhar francamente enigmático. Brilhava nele alguma coisa de extraordinário, mesmo quando sua boca pronunciava ou murmurava as frases mais pueris e vazias de sentido. Trajava-se com refinado gosto e elegância. Pavel Petrovitch conheceu-a num baile, dançou a mazurca, durante a qual ela não proferiu uma palavra em que se revelasse. Apaixonou-se por ela doidamente. Acostumado às vitórias, neste caso conseguiu mais uma. Mas a facilidade com que a conseguia não o arrefeceu. Pelo contrário: mais alucinadamente ainda ele se ligou a essa mulher que, mesmo quando se entregava completamente, não deixava de ter ainda algo de promissor e inacessível, que ninguém podia penetrar. Que coisa vibrava secretamente naquela alma, só Deus sabe! Parecia até possuir forças ocultas e desconhecidas. Sua inteligência limitada não resistia à sua ação... a sua conduta era uma série de extravagâncias. As únicas cartas que poderiam suscitar suspeitas do marido escreveu a um homem que lhe era quase estranho. Seu amor tinha um quê de triste. Não ria nem pilheriava com o amante. Ouvia-o olhando com espanto. Às vezes, quase sempre de repente, este estado de alma se transmudava em pavor. O seu rosto ficava morto e selvagem. Fechava-se então no quarto de dormir e a criada, pelo orifício da fechadura, via-a chorando surdamente. Muitas vezes, ao voltar para casa, após a entrevista amorosa, Kirsanov sentia no coração o insuportável e amargo arrependimento que acompanha um insucesso definitivo. "Que pretendo eu?" perguntava a si mesmo e desesperava-se. Uma vez ele lhe ofereceu um anel com a esfinge gravada na pedra preciosa.

— Que é isso? — perguntou ela. — Esfinge?

— Sim — respondeu ele. — Essa esfinge é você.

— Eu? — disse ela, erguendo lentamente para Kirsanov o seu olhar enigmático. — Sabe porventura que me lisonjeia bastante? — acrescentou com um sorriso sem significação, enquanto seus olhos fitavam estranhamente, como sempre.

Pavel Petrovitch sofria muito até quando a princesa R. o amava. Quando, porém, o seu amor arrefeceu, o que aconteceu pouco depois, quase enlouqueceu de dor. Martirizava-o o ciúme, e a seguia por toda parte. Irritada com esta perseguição tenaz, ela partiu para o estrangeiro. Kirsanov requereu sua reforma no exército, apesar dos conselhos dos amigos e comandantes. Acompanhou a princesa na sua viagem pelo estrangeiro. Passou quatro anos de exílio, ora partilhando a companhia dela ora perdendo-a intencionalmente de vista. Tinha vergonha de si mesmo e odiava a própria fraqueza, mas de nada lhe servia tudo isso. A sua imagem, incompreensível, mórbida e altamente expressiva, estampou-se-lhe profundamente na alma. Em Baden conseguiu juntar-se novamente a ela. Parecia que nunca a tinha amado tanto... Um mês depois tudo acabou. A chama ardeu pela última vez e apagou-se para sempre. Pressentindo a inevitável separação, Kirsanov pretendeu por fim conquistar-lhe a amizade, como se amizade fosse possível com semelhante mulher... Ela saiu às ocultas de Baden e, a partir de então, sempre evitou Kirsanov. Pavel Petrovitch regressou à Rússia e, tendo viver como antes, não o conseguiu. Vagava por toda parte como um enfermo. Costumava ainda sair. Conservou os hábitos do homem de sociedade e podia afirmar que fez mais duas ou três conquistas. Entretanto já nada esperava de si e dos outros e não empreendia coisa alguma. Envelheceu depressa. Passar as tardes no clube, expandir seu tédio e discutir desinteressadamente numa sociedade de solteirões, tudo isso se lhe tornou uma necessidade, mau sinal, como se sabe. É evidente que já não pensava em casar-se. Dez anos passaram assim rapidamente, monótonos e sem nenhum proveito. Em parte alguma o tempo corre tão depressa como na Rússia. Dizem que na prisão o tempo corre mais ainda. Um dia, jantando no clube, Pavel Petrovitch recebeu a notícia da morte da princesa R. Tinha falecido em Paris, quase louca. Ele deixou a mesa e se pôs a vagar pelas salas do clube, parando sem saber porque perto das mesas de jogo. Voltou para casa à hora habitual. Algum tempo depois recebeu pelo correio um pacote. Nele encontrou o anel que ofereceu à princesa. Ela, antes de morrer, passara sobre a esfinge dois traços em cruz, escrevendo-lhe que a cruz, era a decifração do seu enigma.

Isto sucedeu nos princípios de 1848, na época em que Nicolau Petrovitch, tendo enviuvado, vinha a S. Petersburgo. Pavel Petrovitch quase não se avistava com o irmão desde que este fora residir no campo. O casamento de Nicolau coincidiu com os primeiros dias das relações de Pavel Petrovitch com a princesa. Tendo regressado do estrangeiro, foi ter com o irmão a fim de passar no campo uns dois meses, apreciar sua felicidade, mas permaneceu ali apenas uma semana. A situação de ambos os irmãos era inteiramente diversa. Tornou-se, porém, mais ou menos análoga quando, em 1848, Nicolau Petrovitch perdeu sua esposa e Pavel Petrovitch as suas reminiscências. Após a morte da princesa, esforçava-se por não pensar nela. Nicolau Petrovitch personificava uma vida regular. Seu filho crescia sob os seus cuidados. Pavel Petrovitch, ao contrário, solteirão sempre, entrava naquela idade crepuscular e agitada, de insatisfação e esperanças mortas, idade em que se sente que a mocidade passou e a velhice não chegou ainda.

Este período era demasiado difícil para Pavel Petrovitch: tendo perdido o passado, perdera tudo.

— Não o convido para Mariino — disse-lhe um dia Nicolau Petrovitch (denominou assim a sua propriedade em homenagem a Maria, sua esposa). — Quando minha mulher era viva, você passou lá uma semana de tédio. Agora suponho que será capaz de morrer.

— Eu era tolo e fútil naquele tempo — respondeu Pavel Petrovitch. — A partir de então fiquei mais tranqüilo senão mais ajuizado. Agora, pelo contrário, se você permitir, passaremos a viver juntos para sempre.

Um abraço foi a resposta de Nicolau Petrovitch. Mas, passou um ano e meio, após essa conversa, antes que Pavel Petrovitch se resolvesse a pôr em prática a sua intenção. Em compensação, desde que passou a viver no campo, já não abandonava a aldeia, nem mesmo durante os três invernos que Nicolau Petrovitch passou com o filho em S. Petersbugo. Começou a ler muito e quase que só livros ingleses. Moldou sua existência pela vida e gosto da Inglaterra; raramente se avistava com os vizinhos, e só saía para as eleições, nas quais permanecia calado a maioria das vezes, irritando e assombrando os proprietários, fiéis aos costumes antigos, de opiniões liberais; tampouco se aproximava dos representantes da geração nova. Tanto estes como aqueles o consideravam orgulhoso e egoísta. Ambas as partes o respeitavam pelas suas maneiras distintas e aristocráticas, pelas histórias das suas conquistas, pelo seu traje irrepreensível, pelo fato de ocupar sempre o melhor apartamento no hotel de luxo e pelo seu bom gosto ao comer, pois que um dia jantou até em companhia de Willington e Luiz Filipe. Respeitavam-no ainda porque trazia sempre consigo uma bacia de prata e banheiro portátil, porque usava perfumes esquisitos, finíssimos e "nobres", porque jogava muito bem *whist*, perdendo, sempre, e finalmente porque era honestíssimo. As mulheres achavam-lhe encantadora e romântica a tristeza, mas ele não se dava bem com o sexo fraco.

— Está vendo, Eugênio — disse Arcádio, terminando sua narração. — Você não é justo para com meu tio! Já não refiro ao fato de ter ele muitas vezes auxiliado meu pai nos momentos de dificuldade, entregando-lhe todo o seu dinheiro. Não sei se sabe que a propriedade ainda não foi partilhada entre eles. Meu tio está disposto a prestar serviços a todos e defende sempre os servos, embora, junto deles, sempre faça caretas e cheire a água de colônia...

— Já sei o que são nervos — interrompeu Bazarov.

— É possível, mas ele tem bom coração. É inteligentíssimo. Que conselhos úteis me deu... principalmente... mormente quando se tratava das relações com mulheres.

— Ora! Não teve resultado na prática e quer ser um homem prático. A cantiga é velha!

— Em suma — continuou Arcádio — é um homem profundamente infeliz. É até pecado desprezá-lo.

— Quem o despreza? — exclamou Bazarov. — Digo-lhe, porém, que o homem que toda a sua existência arriscou e perdeu no jogo do amor e, quando assim aconteceu, relaxou-se de tal modo, que se tornou incapaz de coisa alguma, esse homem não é homem e sim um macho apenas. Afirma que ele é infeliz e deve saber melhor do que eu porque. Digo que continua tolo. Estou convencido de que se considera seriamente um homem útil, porque lê alguma coisa e uma vez por outra salva o *mujik* do castigo.

— Não deve esquecer a sua educação e a época em que viveu — observou Arcádio.

— Educação — repetiu Bazarov. — Todo homem deve educar-se a si mesmo, como eu por exemplo... No tocante à época, porque hei de depender dela?

Convém antes, que ela dependa de mim. Não concordo, meu amigo. Trata-se de desleixo e futilidade, tão-somente. Que relações misteriosas são essas entre o homem e a mulher? Nós, fisiologistas, conhecemo-las muito bem. Estude um pouco a anatomia do globo ocular: encontrará ali algo que signifique um olhar enigmático? Tudo não passa de romantismo, fantasia, podridão, artifício. É melhor irmos ver o nosso besouro.

Ambos se dirigiram ao quarto de Bazarov, onde já se sentia um cheiro de drogas medicinais e de fumo barato.

CAPÍTULO VIII

Pavel Petrovitch não ficou muito tempo conversando, em companhia do irmão, com o administrador, um homem alto e magro, com a voz baixa de tísico e olhos maliciosos. O administrador, a todas as observações de Nicolau Petrovitch, respondia: "Por amor de Deus, sei muito bem" e acusava os *mujiks* de bêbedos e ladrões. A propriedade, reorganizada há pouco, rangia como uma roda sem graxa ou certos móveis feitos de madeira úmida. Nicolau Petrovitch não desanimava. Limitava-se a suspirar pensativo. Percebia que sem dinheiro não podia progredir e o dinheiro era escasso. Arcádio tinha razão: Pavel Petrovitch ajudou muitas vezes seu irmão nas dificuldades financeiras.

Nessas ocasiões, Pavel Petrovitch, aproximando-se lentamente da janela com as mãos nos bolsos, costumava dizer: *"Mais je puis vous donner de l'argent"*. E dava-lhe em seguida o dinheiro. Mas nesse dia não tinha dinheiro. Por isso preferiu afastar-se. As dificuldades da fazenda causavam-lhe aborrecimento. Sempre lhe parecia que Nicolau Petrvitch, apesar do seu entusiasmo e amor ao trabalho, não fazia as coisas como devia. Era-lhe, porém, impossível apontar os seus erros. "Meu irmão não é um homem prático e todo mundo o engana" — pensava. Por sua vez, Nicolau Petrovitch apreciava muito o espírito prático de Pavel Petrovitch. Sempre lhe pedia conselhos. "Sou um moleirão, sem energia, e passei toda a minha vida no campo" — dizia. "Você viu tanta gente e conhece bem os homens. Tem olhos de lince". Pavel Petrovitch, sem responder a essas palavras, fazia meia-volta, sem persuadir do contrário o irmão.

Tendo deixado Nicolau Petrovitch no seu gabinete, ele seguiu pelo corredor que separava a parte anterior da casa da posterior. Diante de uma porta baixa parou pensativo, alisou os bigodes e bateu.

— Quem é? Pode entrar — ouviu-se a voz de Fenitchka.

— Sou eu, — disse Pavel Petrovitch, abrindo a porta.

Fenitchka saltou da cadeira em que estava sentada com o filho e, entregando-o a uma mocinha, que imediatamente o levou para fora, compôs o xale nos ombros.

— Peço perdão, se incomodei — começou Pavel Petrovitch, sem olhar para ela. — Queria pedir-lhe apenas... se hoje mandarem alguém à cidade... que me comprem um pouco de chá verde.

— Pois não — respondeu Fenitchka. — Quanto o senhor quer?

— Creio que meia libra basta. Estou notando uma certa mudança aqui — acrescentou, lançando um rápido olhar em torno e fitando Fenitchka. — Vejo cortinas — disse, ao perceber que ela não o compreendia.

— Sim, cortinas. Nicolau Petrovitch ofereceu-mas já estão aqui há tempo.

— Há muito que não a vejo. Agora está muito bem aqui.

— Agradeço à bondade de Nicolau Petrovitch — murmurou Fenitchka.

— A senhora sente-se melhor aqui que no outro aposento? — perguntou Pavel Petrovitch delicadamente e em tom sério.

— Muito melhor.

— Quem está ocupando agora o seu quarto?

— Lá estão agora as lavadeiras.

— Bem...

Pavel Petrovitch guardou silêncio. "Já vai embora" — pensava Fenitchka. Mas ele não saía e ela permanecia de pé, torcendo devagar os dedos das mãos.

— Por que mandou levar o pequeno para fora? — disse afinal Pavel Petrovitch. — Gosto muito de crianças. Quer mostrar-me seu filho?

Fenitchka corou muito de acanhamento e alegria. Tinha medo de Pavel Petrovitch; nunca falava com ela.

— Duniacha — chamou. — Pode trazer Mítia (Fenitchka tratava todos em casa por senhor ou senhora). O senhor espere um pouco; preciso trocar a roupa de Mítia.

Fenitchka dirigiu-se para a porta.

— Não se incomode — disse-lhe Pavel Petrovitch.

— Volto logo — respondeu Fenitchka, saindo apressadamente.

Pavel Petrovitch ficou só. Olhou mais uma vez em redor. O quarto pequeno e baixinho em que se achava, era limpo e confortável. Sentia-se ali um cheiro de soalho recém-encerado e plantas aromáticas. Junto às paredes estavam as cadeiras de espaldares em forma de lira. Estes móveis tinham sido comprados pelo falecido general, na Polônia, na época da sua expedição. Num canto, o berço coberto de um cortinado de filó, ao lado de um baú de ferro. Diante da imagem escura de S. Nicolau Taumaturgo, ardia uma pequena lâmpada. No peito do santo, via-se um minúsculo ovo de porcelana pendente de uma fita vermelha, iluminado pelos reflexos da lâmpada. Nas janelas estavam as latas de doce em calda, ainda do ano passado, cuidadosamente amarradas e refletindo uma luz verde. Nas tampas se liam as grandes letras escritas por Fenitchka, indicando o nome da fruta que serviu para fazer os doces, de que gostava muito Nicolau Petrovitch.

Do teto pendia a gaoila com um pássaro de cauda curta. O pássaro saltava e cantava sempre, balançando a gaiola. Os grãos de alpiste caíam no chão com leve ruído. Numa parede, sobre a pequena estante, achavam-se péssimas fotografias de Nicolau Petrovitch em poses diversas, obra de um artista que por ali passara. Via-se também a horrível fotografia de Fenitchka: um rosto sem olhos sorria forçado dentro de uma moldura negra; o resto não se percebia. Sobre a fotografia de Fenitchka, a do general Ermolov, de capote, contemplando ameaçadoramente as montanhas distantes do Cáucaso, debaixo de um sapatinho de seda destinado a prender agulhas e alfinetes que lhe colocaram sobre a testa.

Passaram-se cinco minutos. No compartimento vizinho ouvia-se um ruído. Pavel Petrovitch pegou de um móvel um livro ensebado: era um volume dos *Arcabuzeiros* de Massalaki. Folheou algumas páginas... A porta abriu-se e Fenitchka entrou com Mítia no colo. A criança vestia uma camisinha vermelha de gola bordada e estava bem penteada e limpa. Respirava sofregamente, agitava todo o corpo e sacudia os bracinhos como fazem todas as crianças. A camisa de um vermelho vivo produziu grande impressão no espírito do pequeno. O seu rostinho gorducho sorria de prazer.

Fenitchka compôs os cabelos e ajeitou a *écharpe* que trazia. Estava diferente. E, de fato, existe no mundo alguma coisa mais bela do que uma jovem mãe com um filho sadio nos braços?

— Que rapagão — disse carinhosamente Pavel Petrovitch, passando pelo queixo gordo de Mítia a longa unha do seu dedo indicador. A criança viu o pássaro da gaiola e sorriu.

— É seu tio — disse Fenitchka, inclinando para o filho a cabeça e agitando-a levemente, enquanto Duniacha punha no parapeito da janela uma vela acesa e fumarenta colada a uma moeda.

— Quantos meses tem ele? — indagou Pavel Petrovitch.

— Seis. No dia onze faz sete.

— Não tem oito meses, Fedossia Nikolaievna? — perguntou timidamente Duniacha.

— Sete meses! — O pequeno sorriu novamente, fitou o baú e com os cinco dedos agarrou a mãe pelo nariz e pelos lábios. — Travesso — disse Fenitchka, sem tirar o rosto dos dedos de seu filho.

— Parece-se muito com o meu irmão — observou Pavel Petrovitch.

"Com quem havia de parecer?" pensou Fenitchka.

— Realmente — continuou Pavel Petrovitch, como se falasse consigo mesmo — a semelhança é completa. — Olhou para Fenitchka com atenção e quase com tristeza.

— É o titio — repetiu ela, agora em voz baixa.

— Olá, Pavel, você por aqui — foi a repentina exclamação de Nicolau Petrovitch.

Pavel Petrovitch voltou-se depressa, mal-humorado. Seu irmão, porém, olhava-o com tal sentimento de gratidão, que não pôde deixar de responder-lhe com um sorriso.

— Que bonito filho você tem — disse, olhando o relógio. — Vim aqui por causa do chá.

Afetando expressão de indiferença, Pavel Petrovitch saiu do quarto.

— Veio sozinho? — perguntou Nicolau a Fenitchka.

— Sim; bateu e entrou.

— E Arcacha não esteve mais aqui?

— Não. Convém que eu mude para outro aposento, não acha Nicolau Petrovitch?

— Para que?

— Penso que seria melhor, durante os primeiros dias.

— Não — falou hesitante Nicolau Petrovitch, passando a mão pela testa. — Teria sido melhor antes... Bom dia, gorducho — disse ele com repentina vivacidade e, aproximando-se do filho, beijou-o na face. Em seguida, curvando-se um pouco, encostou seus lábios na mão de Fenitchka que aparecia branca como leite no vermelho intenso da camisinha de Mítia.

— Que faz, Nicolau Petrovitch? — murmurou ela, baixando os olhos e depois levantando-os devagarzinho...

Deliciosamente tristes eram a sua expressão e o brilho dos olhos, quando queria parecer severa, ao mesmo tempo que sorria carinhosamente.

Eis como Nicolau Petrovitch conhecera Fenitchka:

Há três anos, precisara passar uma noite na hospedaria de uma cidade distante da província. Ficou agradavelmente impressionado com a limpeza do quarto onde dormia e com a alvura dos lençóis da cama. "Será alemã a dona desta casa?" pensou. Mas a dona da hospedaria era uma russa, mulher de uns cinqüenta anos de idade, bem trajada, de expressão inteligente e nobre e falar tranqüilo e reservado. O hóspede travou com ela conversação, enquanto tomava o chá. Ela agradou-lhe muito. Nicolau Petrovitch tinha mudado havia pouco para a sua nova fazenda e, não querendo manter servos, pagava o serviço dos empregados libertos.

A dona da hospedaria, por sua vez, queixava-se da escassez dos hóspedes e dos tempos difíceis. Ele propôs-lhe um emprego de governante em uma casa. Ela concordou. Seu esposo tinha falecido há tempo, deixando-lhe uma filha única, Fenitchka.

Duas semanas depois, Arina Savichna (nome da governante) chegou em companhia da filha a Mariino e instalou-se num pequeno apartamento. A escolha de Nicolau Petrovitch foi ótima. Arina pôs a casa em ordem. Fenitchka, que então completara dezessete anos de idade, passava despercebida. Levava uma vida tranqüila, modesta e só aos domingos Nicolau Petrovitch lhe descobria a presença na igreja, sempre à parte, com o seu perfil pálido. Assim passou mais de um ano.

Uma certa manhã, Arina apareceu no seu gabinete e, fazendo uma reverência segundo o costume da casa, perguntou-lhe se não podia socorrer sua filha. Um argueiro lhe entrara nos olhos. Nicolau Petrovitch, como todos os homens caseiros, pôs-se logo a tratar-lhe da vista e até mandou vir remédios de homeopatia, chamando a pequena à sua presença. Sabendo que o amo a chamava, Fenitchka ficou com muito medo e foi ter com ele, em companhia da mãe. Nicolau Petrovitch fê-la chegar junto à janela e tomou-lhe a cabeça com ambas as mãos. Depois de examinar bem a sua vista vermelha e inflamada, receitou-lhe o remédio que ele mesmo preparou na hora. Rasgando o seu próprio lenço em pedaços, mostrou como se devia aplicar o medicamento. Fenitchka, depois de ouvi-lo, quis sair. "Beije a mão do senhor, bobinha" — disse-lhe Arina. Nicolau Petrovitch não lhe deu sua mão e, embaraçado, beijou-lhe a fronte. A vista de Fenitchka sarou logo, mas a impressão que ela produziu em Nicolau Petrovitch não passou tão depressa. Ele sonhava com aquele rosto puro, delicado e timidamente erguido. Sentia, ao contacto dos dedos, aqueles cabelos macios. Via aqueles lábios inocentes e semi-abertos, descobrindo as pérolas dos dentes que brilhavam discretamente. Começou então a namorá-la na igreja, esforçando-se por falar com ela. Ao princípio, Fenitchka tinha medo dele. Um dia, à tarde, encontrou-o numa trilha estreita, passagem pouco transitável, que os pedestres abriram num campo de centeio. Ela entrou na alta e densa plantação de centeio, cheio de ervas daninhas e flores, com o único propósito de evitar o encontro. Nicolau Petrovitch viu sua cabecinha através das espigas doiradas, de onde ela o espiava como uma gatinha medrosa. Gritou carinhosamente:

— Bom dia, Fenitchka! Pode aproximar-se. Não mordo.

— Bom dia — murmurou, sem sair do esconderijo.

Pouco a pouco ela começou a habituar-se à sua presença. Mas ainda receava Nicolau Petrovitch. Por esse tempo, sua mãe Arina morreu de cólera. Onde havia de ir, pobre Fenitchka? Herdara da mãe o amor à ordem, o raciocínio e a calma. Era muito moça e tão sozinha! Nicolau Petrovitch tão bom e modesto! E aconteceu o que devia acontecer.

— Então meu irmão veio visitá-la? — inquiriu Nicolau Petrovitch. — Bateu e entrou?

— Sim.

— Está muito bem. Deixe distrair um pouco Mítia.

E Nicolau Petrovitch lançou ao ar seu filho, quase até o teto, com grande prazer do pequeno e intranqüilidade da mãe que, a cada salto do menino, estendia os braços em direção às suas perninhas nuas.

Pavel Petrovitch voltou ao seu elegante gabinete, de paredes enfeitadas com papel de aspecto impressionante, a coleção de armas sobre um pitoresco tapete persa, o mobiliário de nogueira forrado de verde-escuro, a biblioteca *Renaissance* de estantes de carvalho negro, uma mesa cheia de estatuetas de bronze e a lareira... Deixou-se cair no sofá, apoiou a cabeça nas mãos e ficou, assim, examinando com desespero o teto. Quem sabe se queria ocultar das próprias paredes as modificações da sua fisionomia. Ergueu-se, abriu as pesadas cortinas das janelas e novamente se instalou no sofá...

CAPÍTULO IX

No mesmo dia Bazarov travou conhecimento com Fenitchka. Em companhia de Arcádio, ele passeava pelo jardim, e explicava ao amigo porque certas árvores, de preferência as mudas de carvalho, não tinham pegado ainda.

— Convém que se plantem aqui mais choupos e mais abetos, assim como tílias, pondo-lhes um pouco de terra preta. Veja como o caramanchão ficou florido e bonito — disse ele. — Isso porque as acácias e outras plantas do caramanchão não exigem muito tratamento. Espere, aqui deve estar alguém.

No caramanchão achava-se Fenitchka com Duniacha e Mítia. Bazarov estacou, enquanto Arcádio saudava Fenitchka, como um velho amigo.

— Quem é? — perguntou Bazarov, quando passaram o caramanhão. — É bonita de verdade!

— A quem se refere?

— Já sabe a quem: à única mulher bonita deste lugar.

Arcádio, embaraçado, explicou-lhe em poucas palavras quem era Fenitchka.

— Extraordinário! — disse Bazarov. — Seu pai tem bom gosto.

Agrada-me muito o velho, palavra de honra! É um homem. Estou, porém, na obrigação de ser apresentado a ela — concluiu, dirigindo-se ao caramanchão.

— Eugênio! exclamou com espanto Arcádio. Muito cuidado, por amor do Altíssimo.

— Não se preocupe — respondeu Bazarov. — Somos homens experientes, porque já vivemos nas cidades.

Aproximando-se de Fenitchka, descobriu-se.

— Permita que me apresente — começou, numa distinta reverência. — Sou amigo de Arcádio Nikolaievitch e pessoa incapaz de fazer mal ao próximo.

Fenitchka levantou-se do banco. Fitava-o em silêncio.

— Que linda criança! — foi dizendo Bazarov. — Não se incomode: nunca fui capaz de mau olhado. Por que o pequeno tem as faces tão vermelhas? Serão os dentes que nascem?

— É isso mesmo — respondeu Fenitchka. — Com grande pasmo de Fenitchka e Duniacha, o pequeno não lhe ofereceu a mínima resistência. Nem chorou, assustado com o gesto.

— Já estou vendo... tudo vai muito bem. Será uma dentadura excelente. Se alguma coisa acontecer, avise-me. A senhora passa bem?

— Sim, senhor, graças a Deus.

— Isto é que serve. E a senhora? — disse, dirigindo-e a Duniacha.

Duniacha, jovem muito séria em casa e divertida fora, respondeu com um significativo muchocho.

— Está muito bem. Confio o gigante aos seus cuidados.

Fenitchka recebeu dele o filho.

— Ficou tão quietinho nos seus braços — disse ela baixinho.

— As crianças sempre ficam quietas comigo — respondeu Bazarov. — Conheço um segredo para acalmá-las.

— As crianças sentem a presença de quem as ama — observou Duniacha.

— É verdade — confirmou Fenitchka. — Quer uma prova? Mítia não gosta que pessoa alguma o tome nos braços.

— Gostará de mim? — perguntou Arcádio que, depois de permanecer por algum tempo à distância, se aproximou do caramanchão.

Ele fez um gesto convidativo a Mítia, porém Mítia voltou-lhes as costas e chorou rumorosamente, o que impressionou muito Fenitchka.

— Será para outra vez, quando se acostumar — disse Arcádio e ambos os amigos se afastaram.

— Como se chama? — indagou Bazarov.

— Fenitchka... Fedossia — respondeu Arcádio.

— E seu prenome por parte do pai? Convém sabê-lo.

— Nikolaievna.

— *Bene*. O que me agrada nela é o seu excessivo acanhamento. Outra pessoa talvez julgasse tratar-se de um defeito. Que tolice! Por que tanto acanhamento? É mãe, e tem razão de ser assim.

— Tem muita razão — disse Arcádio. — Não sei se a tem meu pai...

— Também tem razão — interrompeu Bazarov.

— Acho que não.

— Vejo que um herdeiro a mais não lhe agrada!

— Você não se envergonha de atribuir-me semelhantes pensamentos! — exclamou com calor Arcádio. — Acho que devia casar-se com ela.

— Hein? — murmurou tranqüilamente Bazarov. — Veja só como somos generosos! Você atribui tanta importância ao matrimônio, coisa que eu não esperava.

Os amigos deram alguns passos em silêncio.

— Examinei todas as instalações da fazenda de seu pai — recomeçou Bazarov. — O gado é péssimo e os animais de trabalho fraquíssimos. As edificações também não prestam. Os trabalhadores parecem indolentes e relaxados. Quanto ao administrador, ou é idiota ou um finório. Ainda não cheguei a uma conclusão definitiva.

— Está de uma severidade única hoje, Eugênio Vassilievitch.

— Os nossos bons *mujiks* enganarão seu pai estupendamente. Conhece o provérbio: "o *mujik* russo é capaz de enganar o próprio Deus"?

— Começo a concordar com meu tio — observou Arcádio.

— Você faz um péssimo juízo dos russos.

— Que grande novidade! O russo somente é bom porque faz um péssimo juízo de si mesmo. Importa-lhe muito que dois mais dois sejam quatro. O resto nada vale.

— E a natureza não vale coisa alguma? — disse Arcádio, estendendo o olhar pelos campos suavemente iluminados pelo sol do ocaso.

— A própria natureza nada tem de interessante, no sentido em que o concebe. Não é um templo e sim uma oficina em que o homem trabalha.

Sons lentos e suaves de violoncelo vinham da casa. Alguém tocava, mal, porém com sentimento, a *Attente* de Schubert. A melodia pairava no ar como um perfume suavíssimo.

— Que é isso? — disse admirado Bazarov.

— É meu pai que está tocando.

— Seu pai toca violoncelo?

— Toca.

— Quantos anos tem seu pai?

— Quarenta e quatro anos.

Bazarov desatou a rir às bandeiras despregadas.

— Por que se ri?

— Veja só! Aos quarenta e quatro anos de idade, o homem, *pater famílias,* em plena província, toca violoncelo!

Bazarov continuou rindo. Mas Arcádio, por maior respeito que nutrisse pelo preceptor, desta vez sequer sorriu.

45

CAPÍTULO X

Passaram-se duas semanas. A vida em Mariino decorria como sempre: Arcádio não fazia coisa alguma e Bazarov trabalhava. Todos em casa se habituaram a Bazarov, às suas maneiras desembaraçadas e aos seus discursos sintéticos. Fenitchka, em particular, fez tão boas relações com ele, que uma vez, durante a noite, mandou acordá-lo porque Mítia teve câimbras. Bazarov atendeu-a, alegre e bocejando. Passou em sua companhia umas duas horas e curou o menino. Pavel Petrovitch já detestava profundamente Bazarov. Considerava-o orgulhoso, mal-educado, cínico e plebeu. É porque sentia que Bazarov não tinha o mínimo respeito pela sua pessoa e que desprezava-o, a ele, Pavel Kirsanov! Nicolau Petrovitch jamais teve receio do jovem niilista. Não acreditava na sua influência sobre a educação de Arcádio. Ouvia-o de boa vontade, e com grande prazer presenciava suas experiências de física e química. Bazarov trouxera seu microscópio. Horas inteiras passava lidando com o instrumento. Os criados gostavam muitíssimo dele, apesar das suas ironias. É porque sabiam instintivamente que era um igual e não um senhor. Duniacha já conversava e ria à vontade e, de soslaio, significativamente observava Bazarov, ao passar em frente do seu quarto. Piotr, homem extremamente egoísta e tolo, com as eternas rugas na testa, homem cuja dignidade consistia somente num olhar respeitoso, em saber ler por sílabas e em limpar com pequena escova seu casaco, também sorria e se alegrava, quando Bazarov lhe dirigia a palavra. Os meninos da fazenda seguiam o "doutor" como cachorrinhos. Só o velho Prokofitch não o apreciava. Servia-o à mesa, chamando-lhe "canibal" e "vagabundo", e tentando convencer a todos de que ele, com as suas suíças, não passava de um porco. Prokofitch, à sua maneira, era um aristocrata como Pavel Petrovitch.

Chegaram os melhores dias do ano, o mês de junho. O tempo era esplêndido. Havia no ar uma certa ameaça de cólera, o que já não impressionava os habitantes da província que se tinham habituado à visita do mal. Bazarov levantava-se muito cedo e dirigia-se a um lugar distante dois ou três quilômetros, não com o intuito de simples passeio — não suportava passeios inúteis — mas sim para colher ervas úteis e interessantes e insetos. Ia às vezes em companhia de Arcádio. Na volta, comumente discutiam e Arcádio sempre era o derrotado, embora falasse muito mais que o amigo.

Um dia demoraram-se mais que de costume. Nicolau Petrovitch saiu-lhes ao encontro, pelo jardim e, aproximando-se do caramanchão, ouviu passos rápidos e vozes de ambos os moços. Vinham do outro lado do caramanchão e não podiam perceber a sua presença.

— Não conhece meu pai suficientemente — dizia Arcádio.

Nicolau Petrovitch escutava.

— Seu pai é boa pessoa — retorquiu Bazarov — mas é um homem acabado. Nada mais pode dar.

Nicolau Petrovitch ouvia atentamente... Arcádio nada respondeu a seu amigo.

O "homem acabado" permaneceu ali dois minutos, imóvel, e encaminhou-se lentamente para casa.

— Há três dias percebi que ele está lendo Puchkine — disse ainda Bazarov. — Você é que pode explicar-lhe que isso não presta. Já não é criança. É tempo de deixar essas tolices. Que prazer pode ter ele em ser romântico no tempo de hoje! Deve dar-lhe um livro útil para ler.

— Que livro posso recomendar-lhe? — perguntou Arcádio.

— Que leia, por exemplo, a *Força e Matéria* de Buechner.

— Assim penso também — aprovou Arcádio. — *Força e Matéria* é uma obra escrita em linguagem acessível.

— Está vendo que somos homens completamente acabados — dizia no mesmo dia, depois do jantar, Nicolau Petrovitch ao se irmão, no gabinete deste último. Por que não? É possível que Bazarov tenha razão. O que, porém, me confunde, é o seguinte: Eu queria fazer-me amigo íntimo de Arcádio, e no entanto verifico que sou um homem atrasado. Ele adiantou-se e nós não nos podemos compreender um ao outro.

— Em que, afinal, consiste o seu adiantamento? Que o distingue tanto de nós? — exclamou impaciente Pavel Petrovitch.

— Quem lhe encheu a cabeça foi o senhor niilista. Detesto aquele esculápio. Para mim, não passa de um charlatão. Estou convencido de que, com todas as suas rãs, pouco entende de física.

— Não diga isso. Bazarov é inteligente e culto.

— E detestavelmente presunçoso — acrescentou Pavel Petrovitch.

— Efetivamente — observou Nicolau Petrovitch. — É egoísta. O que não compreendo é o seguinte: parece que faço tudo de acordo com a época; instalei os *mujiks*, organizei uma fazenda, e por isso, em toda província sou chamado de *vermelho*. Leio, estudo e quero estar ao alcance das exigências modernas. E eles afirmam que sou um homem acabado. Começo a acreditar que realmente o sou.

— Por que?

— Vou dizer-lhe porque. Hoje estava lendo Puchkine... Parece-me que o seu poema, *Os Ciganos*... De repente entra Arcádio. Chega-se para junto de mim e, calmamente, com um ar de certa compaixão, arrebata-me o livro, como se se tratasse de uma criança, oferecendo-me a seguir um outro escrito em alemão. Sorriu e levou as obras de Puchkine.

— Fantástico! E que livro lhe deu?

— Está aqui.

Nicolau Petrovitch tirou do bolso do paletó a nona edição de Buechner.

Pavel Petrovitch examinou-a.

— Bem — resmungou. — Arcádio Nikolaievitch preocupa-se muito com sua educação. Já experimentou ler isso?

— Já.

— Gostou?

— Ou sou um imbecil ou tudo isso é absurdo. Acredito que sou um idiota.

— Esqueceu a língua alemã? — perguntou Pavel Petrovitch.

— Não. Ainda compreendo bem o alemão.

Pavel Petrovitch examinou novamente o livro e olhou para o irmão.

Ambos ficaram calados.

— A propósito — insinuou Nicolau Petrovitch, para mudar de conversa, — recebi uma carta de Koliasin.

— De Mateus Ilitch?

— Dele mesmo. Acaba de chegar à nossa cidade, afim de inspecionar a província. Subiu muito na sua carreira. Escreve-me que deseja, na qualidade de parente, ver-nos e convida-nos com Arcádio para lhe fazer uma visita.

— Você vai? — perguntou Pavel Petrovitch.
— Não. E você?
— Nem eu. Que necessidade tenho de fazer cinqüenta quilômetros sem nenhum motivo importante? *Mathieu* quer aparecer-nos em todo o esplendor da sua glória. Que vá para o diabo! Bastar-lhe-á a bajulação da capital da província. Que dispense a nossa presença. Grande coisa ser um conselheiro privado! Se eu continuasse a servir no exército, seria hoje um general de divisão ou mais ainda. Além disso, somos homens acabados.

— Sim. Parece que é tempo de prepararmos o nosso caixão e cruzarmos as mãos no peito — observou com um suspiro Nicolau Petrovitch.

— Não me renderei tão facilmente — disse seu irmão. — Hei de lutar ainda com esse esculápio. Pressinto a luta.

A luta efetivamente teve lugar no mesmo dia, por ocasião do chá da tarde. Pavel Petrovitch entrou na sala de visitas pronto para a batalha, mal humorado e resoluto. Esperava apenas um pretexto para atacar o inimigo.

O pretexto demorava muito. Bazarov falava muito pouco na presença dos "velhos Kirsanov" (assim chamava a ambos os irmãos). Naquela tarde sentia-se indisposto. Tomava seu chá aos copos, calado. Pavel Petrovitch ardia todo de impaciência. Seus desejos afinal se realizaram.

A palestra girava em torno de um dos fazendeiros vizinhos. "Um aristocratóide crápula" — observou impassível Bazarov, que costumava encontrar a referida pessoa em S. Petersburgo.

— Permita que lhe pergunte uma coisa — começou Pavel Petrovitch, e seus lábios tremiam. — Segundo sua opinião, as palavras, "crápula" e "aristocrata" significam a mesma coisa?

— Eu disse "aristocratóide" — respondeu Bazarov, tomando devagar mais um gole de chá.

— Assim o compreendo. Suponho que o senhor tem a mesma opinião dos aristocratas e dos aristocratóides. Devo declarar-lhe que não compartilho esse modo de pensar. Ouso dizer ainda que sou conhecido como um homem liberal e progressista. Por isso mesmo respeito os verdadeiros aristocratas. Lembre-se, meu caro senhor (ao ouvir estas palavras Bazarov fixou seu olhar em Pavel Petrovitch) lembre-se, meu caro senhor — repetiu irritado — dos aristocratas ingleses. Eles não desistem do mínimo dos seus direitos e respeitam os alheios. Exigem que se cumpram todas as obrigações para com eles e por isso mesmo cumprem *suas* obrigações. A aristocracia libertou a Inglaterra e defende a sua liberdade.

— Já ouvimos essa cantiga muitas vezes — obtemperou Bazarov. — Que quer o senhor provar com isso?

— Com isso, meu caro senhor (Pavel Petrovitch, quando se zangava, proferia a palavra "isso" contra todas as regras da gramática. Era uma reminiscência dos tempos do czar Alexandre. Os nobres de então pronunciavam-na às vezes assim, variando um pouco a pronúncia, porque se consideravam russos legítimos, da nobreza tradicional e superiores às regras gramaticais escolares), com *isso*, caríssimo senhor, quero demonstrar que sem a noção da sua própria dignidade, sem o respeito de si mesmo — num aristocrata estes sentimentos estão particularmente evoluídos — não existe nenhuma base sólida do *bien public* ou do edifício social. O mais importante, caro senhor, é a personalidade. A personalidade humana deve ser resistente como rochedo, porque sobre ela tudo se constrói. Sei perfeitamente por exemplo, que o senhor julga ridículos ou contraproducentes os meus hábitos, meu vestuário e minha decência, afinal. Tudo decorre dos sentimentos de respeito próprio, do sentimento do dever, sim, do dever. Vivo no campo, no sertão, mas não me abastardo. Respeito em mim um homem.

— Perdoe-me, Pavel Petrovitch — disse Bazarov. — O senhor respeita a sua personalidade e está aqui sem fazer coisa alguma. Que utilidade advém para o *bien public*? Seria melhor que o não se respeitasse e fizesse alguma coisa de proveitoso.

Pavel Petrovitch empalideceu.

— Trata-se de um outro assunto. Não lhe devo dar satisfações neste momento sobre o porque da minha inatividade, como o senhor acaba de defini-la. Quero dizer apenas que a aristocracia é um princípio. Sem princípios, na nossa época, só podem viver homens amorais ou nulos. Já o disse a Arcádio no dia seguinte à sua chegada e repito-lhe agora. Não é assim, Nicolau?

Nicolau Petrovitch meneou afirmativamente a cabeça.

— O aristocratismo, o liberalismo, o progresso, os princípios! — disse Bazarov. — Quantas palavras estranhas e inúteis! O russo não precisa delas.

— De que precisa o russo? Se dermos crédito às suas palavras, estamos deslocados da humanidade e fora das suas leis. Perdoe-me, mas a lógica da História exige...
— De que nos serve essa lógica? Passamos muito bem sem ela.
— Como?
— Facilmente. Acho que o senhor não precisa de lógica para por um pedaço de pão na boca, quando tem fome. De que nos servem essas dilações?

Pavel Petrovitch deu de ombros.

— Não o compreendo. O senhor ofende o povo russo. Não sei como é possível negar os princípios, as normas. Em que se baseia o senhor para se expressar assim?
— Já lhe disse, meu tio, que *nós* não reconhecemos autoridades — interveio Arcádio.
— *Nós* agimos baseados na força do que reconhecemos útil — disse Bazarov.
— Na época atual o mais útil é negar. Por isso negamos.
— Tudo?
— Tudo.
— Como? Não só a arte, a poesia... mas... é pavoroso dizê-lo...
— Tudo — com estupenda calma, repetiu Bazarov.

Pavel Petrovitch examinou-o fixamente. Nunca esperara semelhante conclusão. Por sua vez, Arcádio até corou de prazer.

— Vamos devagar — disse Nicolau Petrovitch. —Vocês negam tudo, ou por outra, destroem tudo... É necessário também construir.
— Não nos compete. Primeiramente é preciso desimpedir o lugar.
— A situação atual do povo assim o exige — acrescentou com importância Arcádio. — Devemos atender a essas exigências. Não temos o direito de satisfazer apenas o nosso egoísmo pessoal.

Estas últimas palavras visivelmente não agradaram a Bazarov. Encerravam um que de filosofia, isto é, de romantismo, porque Bazarov considerava a própria filosofia como uma simples digressão romântica. Não julgou, entretanto, necessário contradizer seu jovem discípulo.

— Não e não! — exclamou com repentina energia Pavel Petrovitch. — Não quero crer que os senhores conheçam a fundo o povo russo e sejam representantes das suas necessidades e tendências! Não. O nosso povo é diverso do que os senhores imaginam. Guarda e respeita escrupulosamente suas tradições. É patriarcal e não pode viver sem fé...

— Não quero discutir esse ponto — repetiu Arcádio com a convicção de um experimentado jogador de xadrez que prevê um lance arriscado do seu adversário e não se atrapalha.

— Como nada prova? — exclamou admirado Pavel Petrovitch.

— Suponho que pretendem lutar contra o seu próprio povo?

— Se for preciso... — redargüiu Bazarov. — O povo, quando ouve a trovoada, julga que o profeta Elias está passeando pelo céu no seu carro de fogo. Devo, neste caso, concordar com o povo? Além disso, estamos falando do povo russo e, porventura, não sou russo?

— Não. Deixa de ser russo depois do que acabou de dizer! Não posso reconhecê-lo como meu compatriota.

— Meu avô cultivava a terra — disse com orgulho Bazarov.

— Pergunte a qualquer de seus *mujiks*: em quem, de nós dois, ele reconhece seu compatriota? Ele tem uma extraordinária capacidade de discernimento. O senhor nem sabe falar com ele.

— O senhor fala com o *mujik*, e despreza-o ao mesmo tempo.

— E se merece o desprezo? Acusa o meu modo de ver e julgar o assunto. Quem lhe disse que este ponto de vista não é casual em mim e que não é suscitado pelo próprio espírito do povo, em nome de quem está pontificando?

— Naturalmente! Os niilistas são muito necessários!

— Não nos cabe sabê-lo. O senhor também se julga um homem útil.

— Meus senhores, evitemos por favor questões pessoais! — exclamou, erguendo-se, Nicolau Petrovitch.

Pavel Petrovitch sorriu e, pondo a mão no ombro do seu irmão, fê-lo sentar-se novamente.

— Não se impressione — disse. Não me excederei em conseqüência exatamente daquele sentimento de dignidade tão criticado por este senhor... Senhor doutor: permita-me perguntar-lhe — continuou, dirigindo-se de novo a Bazarov — se por acaso supõe que a sua doutrina é nova? Pura imaginação. O materialismo que prega já é velho e sempre pecou por falta de base...

— Mais uma palavra estranha! — interrompeu Bazarov, que começava a exasperar-se. Sua face tornara-se rude e de cor do

cobre. — Em primeiro lugar, não pregamos coisa alguma. Não é o nosso hábito...
— Que fazem então?
— Vou dizer-lhe o que fazemos. Antes, ainda há pouco, dizíamos que os nossos funcionários públicos recebiam gorjetas, não tínhamos nem estradas, nem comércio, nem um júri decente...
— Compreendo. Os senhores são caluniadores, se assim posso expressar-me. Com algumas das suas acusações concordo, mas...
— E em seguida, percebemos que não vale a pena tocar somente nas nossas chagas. Seria uma vulgaridade e doutrinismo. Vimos que os nossos intelectuais ou os homens da vanguarda, acusadores ou caluniadores, não servem para coisa alguma, que nos ocupamos de parvoíces, discutimos sobre uma certa arte, a criação inconsciente, o parlamentarismo, a justiça e tanta coisa inútil, quando o problema consiste no pão de cada dia, quando uma superstição brutal nos sufoca, quando todas as nossas sociedades comerciais ou industriais por ações rebentam, porque faltam homens honestos, quando a própria liberdade, que tanto preocupa o governo, dificilmente nos será proveitosa, porque o nosso *mujik* é capaz de roubar a si mesmo, só para se embriagar na taberna.

— Bem — interrompeu Pavel Petrovitch — concordo provisoriamente. Convenceu-se de tudo isso e resolveu não se ocupar seriamente de coisa alguma.

— Resolvemos realmente não nos preocuparmos com coisa alguma — repetiu em tom lúgubre Bazarov. Invadia-o uma raiva de si mesmo pelo fato de ter-se expandido tanto com aquele aristocrata.

— E somente ofender tudo e a todos? — continuou o aristocrata.
— Ofender também.
— É o niilismo?
— É o niilismo — repetiu Bazarov com ar de desafio.
Pavel Petrovitrot fechou de leve seus olhos.
— Agora compreendo! — disse com voz esquisitamente calma.
— O niilismo deve auxiliar-nos em todas as desgraças. Os senhores são nossos salvadores e heróis. Sim. Porque nesse caso acusam os próprios acusadores. Não vivem de palavras vãs como os demais.

— Podemos ter outros pecados menos esse — disse Bazarov.
— Como? Os senhores agem? Pretendem agir?

Bazarov nada respondeu: Pavel Petrovitch teve um estremecimento e logo reconquistou o domínio de si mesmo.

— Sim... agir, destruir — continuou. — Destroem sem saber para que?

— Destruímos, porque somos uma força — explicou Arcádio.

Pavel Petrovitch olhou para seu sobrinho e sorriu.

— Sim, somos uma força que age livremente — insistiu Arcádio com veemência.

— Desgraçado! — gritou Pavel Petrovitch. Perdeu definitivamente o controle de si mesmo. Se ao menos pensasse no que, na Rússia, você está defendendo com essa vulgaridade! Não. Tudo isso é de fazer perder a paciência a um anjo! Força! Num selvagem, num mongol também existe força. De que nos serve ela? É-nos cara a civilização. São-nos caros os seus frutos. Não me diga que os frutos da civilização nada valem. O último dos indecentes, um *barbouilleur*, um escamoteador de jogo que recebe cinco moedas por noite são mais úteis do que os senhores, porque representam a civilização e não a força brutal dos mongóis! Pensam os senhores que são homens da vanguarda. Estariam bem numa cabana de selvagens! Força! Lembrem-se, afinal, senhores da força, que são apenas quatro pessoas e meia e contra os senhores existem milhões que não lhes permitirão calcar aos pés suas crenças sagradas. Esmagá-los-ão!

— Se esmagarem, assim é preciso — disse Bazarov. — Mas não somos tão poucos como o senhor supõe.

— Como? Pretende chegar seriamente a um acordo com todo o povo?

— Saiba o senhor que a cidade de Moscou já foi destruída pelo incêndio causado por uma vela de um *kopek* — respondeu Bazarov.

— Vejo primeiramente um orgulho quase satânico. Depois, sacrilégio. Aí está o que preocupa a mocidade! Aí está o que domina os corações inexperientes dos meninos de hoje! Olhe este aqui que está sentado a seu lado. Só falta rezar para o senhor (Arcádio fitou-o sério). — Esse mal já se espalhou demasiado, contaminando muitos. Disseram-me que em Roma os nossos artistas não visitam nunca o Vaticano, consideram idiota a Rafael, só porque ele é autoridade. Eles mesmos não têm talento. São verdadeiras nulidades. A sua fantasia ou imaginação não vai além da *Jovem da Fonte*, quando chega para tal. O senhor conhece o valor artístico desse quadro, péssimo em todos os sentidos. Segundo sua opinião, será (essa atitude) um defeito ou ótima qualidade?

— Segundo minha opinião — respondeu Bazarov — nem Rafael vale um ceitil, nem os nossos são melhores do que Rafael.

— Bravo! Ouça, Arcádio... Assim devem pensar os moços de hoje! Como, nesse caso, não há de segui-los! Antigamente os moços eram obrigados a estudar: não queriam passar por imbecis e por isso trabalhavam. Agora basta que afirmem: "Tudo no mundo não tem valor"! E está bem. A juventude ficou satisfeita. Outrora os moços eram simples idiotas ou inúteis, hoje se tornaram de súbito niilistas.

— Traiu-o o seu sentimento, tão proclamado, da própria dignidade — observou fleugmático Bazarov, enquanto Arcádio assumia um ar importante e seus olhos brilhavam. — A nossa discussão foi muito longe... É melhor terminá-la. Concordarei somente com o senhor — acrescentou, levantando-se — quando me indicar uma só instituição da nossa época, social ou familiar, que não seja passível de um negação completa e irrefutável.

— Posso apresentar-lhe milhões de semelhantes instituições e princípios — exclamou Pavel Petrovitch. — Milhões! A comunidade, por exemplo.

Um sorriso frio aflorou aos lábios de Bazarov.

— Quanto à comuna camponesa — respondeu — é melhor que fale aqui com o seu irmão. Ele, parece-me, já experimentou na prática o que é comuna. Ônus comum, temperança e outras coisas mais.

— E, finalmente, a família, sim, a família tal como existe entre os nossos *mujiks*! — exclamou Pavel Petrovitch.

— Também essa questão deve ser examinada melhor pelo senhor do que por ninguém. Já ouviu falar em casamenteiros? Ouça-me, Pavel Petrovitch. Bastam dois dias de prazo e terá qualquer coisa. Examine todas as nossas classes sociais e pense bem em cada uma, enquanto nós, eu e Arcárdio...

— Rir-se-ão de tudo e de todos — sugeriu Pavel Petrovitch.

— Não. Iremos dissecar as rãs. Vamos, Arcádio. Até logo, senhores!

Ambos os amigos saíram. Os irmãos ficaram a sós. A princípio entreolharam-se.

— Aí está — disse afinal Pavel Petrovitch. — É a mocidade de hoje! São os nossos herdeiros!

— Herdeiros — repetiu tristemente, com um suspiro, Nicolau Petrovitch. — Durante toda a discussão se sentia mal e só de soslaio contemplava Arcádio. — Sabe de que me lembrei, mano? Uma vez discuti com minha mãe. Ela, zangada não me queria ouvir... Finalmente eu lhe disse que não podia compreender-me porque pertencíamos a gerações diversas. Ela sentiu-se profundamente ofendida, e eu pensei: "Que hei de fazer? A pílula é amarga, mas é necessário engoli-la". Chegou agora a nossa vez. Os nossos herdeiros ou descendentes podem declarar-nos: "Vocês não são da nossa geração".

— Você é demasiado generoso e modesto — respondeu Pavel Petrovitch. — Eu pelo contrário, estou convencido de que ambos temos muito mais razão do que esses senhores, ainda que nos expressemos, possivelmente, numa linguagem um tanto antiquada, *vieille*, sem possuir daquela confiança ousada... Como é presunçosa a mocidade de hoje! A gente pergunta a qualquer moço: Que vinho prefere, tinto ou branco? "Costumo tomar vinho tinto!" responde em tom grave e com tanta importância, como se todo o universo o contemplasse nesse momento...

— O senhor não quer mais chá? — disse Fenitchka, cuja, cabecinha apareceu de repente à porta. Não se atrevia a entrar na sala de visitas, enquanto ouvia ali as vozes dos que discutiam.

— Não. Pode levar o "samovar" ou mande que alguém o leve — respondeu Nicolau Petrovitch, indo ao seu encontro. Pavel Petrovitch disse-lhe um breve *bon soir* e fechou-se no seu gabinete.

CAPÍTULO XI

Meia-hora depois, Nicolau Petrovitch foi ao jardim, ao seu caramanchão predileto. Estava sob a influência de pensamentos tristes. Pela primeira vez mediu a distância que o separava do filho. Pressentia que, com o tempo, essa distância aumentaria cada vez mais. Pareceu-lhe que, por ocasião do inverno, passara inutilmente dias inteiros em S. Petersburgo, lendo as obras mais recentes. Em vão ouvia atentamente as palestras dos moços e se alegrava, quando conseguia interpor uma palavra nos seus acalorados debates. "Meu irmão afirma que temos razão — pensava — e, pondo de lado qualquer amor-próprio, parece-me também que eles estão mais longe da verdade do que nós. Ao mesmo tempo, sinto que possuem algo que não temos, uma certa superioridade sobre nós... Mocidade? Não. Não é só mocidade. O seu predomínio não consiste possivelmente no fato de serem eles menos aristocratas do que nós?"

Nicolau Petrovitch passou a mão pelo rosto.

Negar a poesia? — pensou — não sentir a beleza da arte, da natureza...

Olhou em redor, como se quisesse compreender de que modo pode deixar de existir a natureza. Entardecia. O sol ocultava-se atrás do pequeno bosque a meio quilômetro do jardim. A sua sombra estendia-se, alongava-se pela quietude dos campos. Um *mujik* vinha trotando num cavalinho branco pela vereda escura e estreita que ladeava o bosque. Via-o perfeitamente. Distinguiam-se até os remendos no ombro, embora cavalgasse na sombra. Observava os movimentos das patas do animal. Os raios solares penetravam no bosque coavam-se através da espessura, banhavam os troncos das árvores de uma luz quente. Sua folhagem era quase azul. Sobre ela se erguia o azul pálido do céu, levemente corado pelos reflexos do crepúsculo. As andorinhas voavam alto. Não soprava a mais leve brisa. As abelhas tardias zumbiam preguiçosas e sonolentas à volta das flores. Os mosquitos agitavam-se em turbilhão sobre um ramo solitário. "Como me sinto bem, meu Deus!" pensou Nicolau Petrovitch. Os seus versos prediletos vieram-lhe à memória. Lembrou-se de Arcádio, do livro *Força e Matéria*. Permaneceu imóvel, entregue ao jogo amargo e delicioso dos seus pensamentos. Não deixava de ser um sonhador. A vida do campo favoreceu-lhe essa inclinação. Ainda há pouco sonhava, esperando a chegada do filho na hospedaria. A partir daí já se verificava uma mudança e se tinham estabelecido relações ainda imprecisas... E de que modo! Pensou na sua falecida esposa, não naquela que conhecera durante muitos anos como boa e ativa dona de casa, e sim na jovem esbelta de olhar inocente e curioso, com as tranças a envolver um colo de criança. Lembrou-se do primeiro dia em que a viu. Era ainda estudante. Encontrou-a na escada da casa onde morava. Sem querer, esbarrou com ela, voltou-se, quis pedir desculpas e só pôde dizer: *pardon, mademoiselle*. Ela sorriu e fugiu assustada. Numa volta da escada, relanceou o olhar para ele, ficou séria e corou. Depois, as primeiras visitas tímidas, meias-palavras, meios-sorrisos, perplexidade, tristeza, paixão e finalmente uma felicidade completa. Onde fora parar tanto bem? Ela tornou-se sua esposa, ele conheceu a ventura como pouca gente neste mundo... "No entanto — pensava ainda — por que aqueles deliciosos momentos não foram imortais, eternos?"

Não se esforçava por interpretar bem o seu próprio pensamento, mas sentia que o seu desejo era conservar na memória o tempo mais feliz da sua vida, por intermédio de algo mais forte que a simples memória. Queria de novo a vizinhança de sua Maria, o seu calor e o seu hálito. Já lhe parecia que sobre todo o seu ser...

— Nicolau Petrovitch! — ouviu-se perto a voz de Fenitchka. Onde está o senhor?

Estremeceu. Não se sentiu mal, nem com remorsos... Nunca admitiu um termo de comparação, entre sua esposa e Fenitchka. Entretanto ficou penalizado ao saber que esta o procurava. A voz recordou-lhe imediatamente seus cabelos brancos, a velhice, o presente...

O mundo fantástico, onde entrava e que já surgia da nebulosidade do seu passado, agitou-se e desapareceu.

— Estou aqui. — respondeu — Irei logo. Eis os resultados da "aristocracia", pensou. Fenitchka, em silêncio, esquadrinhou com o olhar o interior do caramanchão e desapareceu. Ele, admirado, percebeu que já era noite. Anoitecera enquanto sonhava. Tudo escureceu e ficou silencioso em volta. O rosto de Fenitchka surgiu diante dele pálido e miúdo. Ergueu-se e quis voltar para casa, mas seu coração sensibilizado não podia encontrar a calma. Começou a passear lentamente pelo jardim, ora fitando o terreno que pisava, ora erguendo os olhos para o céu, onde enxameavam estrelas. Andou assim durante muito tempo, até se cansar. A sua agitação indefinida e triste não cessara ainda. Como Bazarov havia de rir-se dele, se soubesse o que naquele momento se passava no seu íntimo!

Até Arcádio o acusaria e condenaria. Ele, homem de quarenta e quatro anos de idade, agrônomo e proprietário, estava quase chorando sem motivo. Era cem vezes pior que o violoncelo!

Nicolau Petrovitch continuava a andar, sem coragem de voltar para casa, para aquele ninho tranqüilo e confortável que tão convidativamente lhe abria todas as suas portas e janelas iluminadas. Faltavam-lhe forças para separar-se da escuridão, do jardim, da sensação do ar puro no seu rosto e daquela melancolia, daquela saudade...

Numa volta da aléia, encontrou-se com Pavel Petrovitch.

— Que tem? — disse ele, dirigindo-se a Nicolau Petrovitch.

— Está pálido como um cadáver. Por que não se deita?

Nicolau Petrovitch explicou-lhe em breves palavras o seu estado de alma e afastou-se. Pavel Petrovitch chegou ao limite extremo do jardim, ficou igualmente pensativo e também ergueu os olhos para o céu. Contudo, nos seus belos olhos negros não se refletia coisa alguma a não ser a luz das estrelas. Não nascera romântico e sua alma de misantropo, árida, aristocraticamente apaixonada e francesa, não sabia sonhar.

— Sabe de uma coisa? — dizia naquela mesma noite Bazarov a Arcádio. — Tenho uma idéia estupenda. Seu pai disse hoje que recebeu um convite daquele seu parente.Ele não quer vir. Vamos nós à cidade, já que esse senhor o chama. Passaremos lá uns cinco ou seis dias.

— E de lá você volta?

— Não. Preciso visitar meu pai. Sabe que ele se acha a trinta quilômetros da cidade. Há muito tempo que não o vejo. Verei também minha mãe. É preciso distrair um pouco os velhos. São ótimas pessoas, principalmente meu pai, que é engraçadíssimo. Sou o filho único.

— Vai demorar-se em casa?

— Creio que pouco tempo. Talvez me aborreça.

— Na volta passará por aqui?

— Não sei. Verei. Que tal é a minha idéia? Vamos?

— Vamos — disse de má vontade Arcádio.

Intimamente ficara muito satisfeito com a proposta do amigo, mas julgou necessário ocultar sua satisfação Era niilista.

No dia seguinte foram à cidade. Os moços de Mariino lamentaram a sua partida. Duniacha até derramou umas lágrimas... Em compensação os velhos suspiraram de alívio.

CAPÍTULO XII

A cidade que foram visitar os nosso niilistas era administrada por governador moço, progressista e déspota, como acontece quase sempre na Rússia. Durante o primeiro ano da sua gestão, indispôs-se não só com o chefe político da província, um capitão reformado da guarda, proprietário de haras, muito hospitaleiro, como também com os próprios subordinados. As divergências assumiram afinal tais proporções, que o ministério de S. Petersburgo julgou indispensável enviar uma pessoa de confiança encarregada de estudar o caso *in loco*. A escolha do governo recaiu em Mateus Ilitch Koliasin, filho do mesmo Koliansin sob a proteção do qual se encontravam outrora os irmãos Kirsanov.

Pertencia também à geração dos "moços", isto é, há pouco fizera quarenta anos de idade. Entretanto procurava passar por um estadista. Trazia de cada lado do peito uma condecoração. Uma delas, na verdade, era condecoração estrangeira e das piores. À semelhança do governador da província, a quem estava incumbido de julgar, dizia-se progressista. Sendo já um homem de prestígio, era diferente da maioria dos elementos de valor. Julgava-se um homem superior. Sua vaidade não tinha limites, o que não lhe impedia de se apresentar modestamente, aprovar muita coisa, ouvir com atenção e também ri gostosamente. O seu gênio alegre fazia com que todo mundo o considerasse uma ótima pessoa.

Nos casos importantes sabia mostrar os dentes, como se diz. "A energia é indispensável — costumava dizer então — *l´énergie est la première qualité d´um homme d´Etat*". O interessante é que, no resto, era tolo. Qualquer funcionário experiente poderia conduzi-lo a seu bel-prazer. Mateu Ilitch referia-se com grande respeito a Guizot. Esforçava-se por fazer crer a todos que não pertencia ao número dos representantes da rotina e dos burocratas atrasados, assim como não deixava de prestar atenção a todas as inovações da vida social... Empregava muito bem toda a terminologia correspondente ao caso. Seguia até, embora com certa superioridade, o desenvolvimento da literatura contemporânea. Fazia-o como um homem adulto que, encontrando na rua um grupo de moleques, às vezes se junta a eles. Em suma, Mateus Ilitch não se afastou muito daqueles homens públicos do período de Alexandre, que, preparando-se para uma recepção na casa da senhora Svietchine, residente em S. Petersburgo, liam previamente, pela manhã, uma página de Condillac. Somente os seus processos eram diversos: mais modernos. Seria um cortesão hábil, muito astuto e nada mais. De negócios nada entendia; não possuía inteligência, mas sabia dirigir os seus próprios negócios. Ninguém o superava nesse terreno; tal qualidade é de capital importância.

Mateus Ilitch recebeu Arcádio com a bondade característica de um alto funcionário. Com grande alegria mesmo. Ficou, entretanto, surpreso, quando soube que os parentes não quiseram vir. "Seu pai continua sempre um esquisitão" observou, sacudindo as mangas do seu belo roupão de veludo. Voltando-se de improviso para um jovem funcionário irrepreensivelmente fardado, exclamou em tom preocupado: "que deseja?" O moço, que em conseqüência de um prolongado silêncio, ficara com os lábios grudados, levantou-se perplexo e fixou o olhar no chefe. Depois de impressionar seu subalterno, Mateus Ilitch já não lhe prestava a mínima atenção. Os nossos altos funcionários gostam em geral de confundir seus subordinados. Os processos de que lançam mão com esse propósito são bastante variados. O seguinte método, entre os demais, é o preferido *is quite a favourite* como dizem os ingleses: o alto funcionário finge não entender as palavras mais simples. Indaga, por exemplo: Que dia é hoje?

Comunicam-lhe respeitosamente: Hoje é sexta-feira, Excelência.

— Como? Que quer dizer? A que se refere? — pergunta com esforço o alto funcionário.

— Hoje é sexta-feira, Excelência.

— Que? Que está falando? Que vem a ser sexta-feira? Que espécie de sexta-feira?

— Sexta-feira, Excelência, é um dia da semana.

— Atreve-se a ensinar-me?

Mateus Ilitch era também um alto funcionário, mesmo que passasse por liberal.

— Recomendo-lhe, meu amigo, que vá visitar o governador — disse ele a Arcádio. — Compreende que lhe aconselho semelhante visita não porque me apegue aos costumes antiquados de serem indispensáveis as visitas às autoridades e sim porque o governador é um homem de bem. Além disso, evidentemente, você deseja conhecer a sociedade local... Acho que não é um urso? O governador organizou para depois de amanhã um grande baile.

— O senhor vai a esse baile? — perguntou Arcádio.

— O baile é em minha honra — disse Mateus Ilitch, parecendo lamentar essa homenagem. — Não dança?

— Danço muito mal.

— É pena. Aqui ainda existem mulheres lindas. Um moço não deve deixar de dançar muito bem. Novamente, não faço valer os antigos costumes. Não quero dizer com isso que a inteligência deve concentrar-se nas pernas, mas sim que hoje o bironismo é ridículo, *il a fait son temps*.

— Eu titio, não sou assim por causa do bironismo...

— Quero apresentá-lo às belas daqui, tomando-o sob a minha proteção — interrompeu Mateus Ilitch, rindo-se gostosamente. — A minha proteção ser-lhe-á útil. Não acha?

Entrou um criado e comunicou a chegada do presidente da Câmara Municipal, um velho de olhar melífluo, lábios enrugados e que apreciava muito a natureza, principalmente nos dias de verão, quando, segundo suas palavras: "Toda abelhinha dá um beijo em cada flor..." Arcádio retirou-se.

Encontrou Bazarov no hotel onde se tinham hospedado.

Teve grande trabalho em convencê-lo de que fosse visitar o governador. — "Que posso fazer ali?" disse afinal Bazarov. — Mas já que me meti nisso... Está bem: Aceito.

O governador recebeu muito bem os moços, mas não os mandou sentar. Era um homem sempre apressado. Trajava pela manhã a sua farda, um colarinho muito apertado, nunca terminava de comer ou de beber e sempre dava ordens. Nesta província ele foi alcunhado de Bourdaloue, não porque se parecesse com o célebre pregador francês e sim porque esse apelido fazia lembrar burdá que, em russo, é um prato intragável. Convidou Kirsanov e Bazarov para o baile. Dois minutos depois reiterou o convite, julgando-os irmãos e chamando-os de Kaisarov.

Saindo do palácio do governo, eles se dirigiram para casa, quando, de repente, dos carros que transitavam perto, saltou um homem de pequena estatura trajando roupas de eslavófilo. — Eugênio Vassilivitch! — gritou ele para Bazarov.

— Que surpresa! É Sitnikov — disse Bazarov, continuando a andar pelo passeio. — Que o traz aqui?

— Imagine que se trata de mero acaso — respondeu o interpelado.

Voltando para o carro que o conduzia, gesticulou cinco vezes e gritou: "Siga-nos!" e continuou a correr saltando uma valeta.

— Meu pai tem um negócio a resolver aqui. Pediu-me tanto... Hoje soube da chegada de vocês. Já fui visitá-los no hotel... (na verdade, quando os amigos voltaram ao apartamento, encontraram ali um cartão de visita com os cantos dobrados, tendo o nome de Sitnikov, de um lado em francês e de outro em eslavo antigo.) Suponho que vem da casa do governador?

— Justamente.

— Nesse caso, também vou visitá-lo... Eugênio Vassilievitch, apresente-me ao seu amigo... ao senhor...

— Kirsanov, apresento-lhe Sitnikov — resmungou Bazarov.

— Imenso prazer em conhecê-lo — disse Sitnikov, apresentando-se desajeitadamente, sorrindo acanhado e tirando rapidamente as suas luvas elegantíssimas. — Já ouvi falar muito no senhor... Sou velho camarada de Eugênio Vassilievitch e quase seu discípulo. Devo-lhe a minha regeneração...

Arcádio fitou com certa atenção o discípulo de Bazarov. Os seus traços fisionômicos bem feitos e miúdos revelavam uma expressão aflitiva e obstinada. Os olhos pequenos e fundos, eram esgazeados. Apreensivo até quando ria, com um riso breve e sem vida.

— Acredite — continuou — que quando Eugênio Vassilievitch me disse pela primeira vez que não devemos reconhecer nenhuma autoridade, senti tamanho entuasiasmo... que me pareceu ter ficado um homem feito! Pensei então que finalmente tinha encontrado um homem! A propósito, Eugênio Vassilievitch, o senhor deve visitar sem falta uma senhora que é capaz de compreendê-lo. A sua visita será uma verdadeira festa. Aposto que não a conhece.

— Quem é? — disse de má vontade Bazarov.

— A senhora Kukchine, Eudoxie, Eudóxia Kukchine. É um temperamento excepcional, mulher *émancipée* por excelência, inteligente. Sabe de uma coisa? Vamos todos visitá-la. Ela reside a pouca distância daqui. Lá almoçaremos. Ainda não almoçaram?

— Não.

— Muito bem. Ela, vocês compreendem, é separada do marido e não depende de ninguém.

— É bonita? — perguntou Bazarov.
— Não... bonita não é.
— Então por que nos convida para ir a casa dela?
— Que pândego, grande pândego... Ela vai oferecer-nos champagne.
— Está vendo? Conhece-se logo um homem prático. A propósito, seu pai ainda é agiota?
— Ainda é — proferiu rapidamente Sitnikov, rindo desagradavelmente. — Vamos então?
— Não sei, francamente.
— Você disse que ia estudar os homens. Pois vá — disse baixinho Arcádio.
— E o senhor Kirsanov? — exclamou Sitnikov. — Precisamos de sua companhia.
— Assim todos juntos?
— Não tem nada. A senhora Kukchine é uma ótima pessoa.
— Teremos uma garrafa de champanhe? — perguntou Bazarov.
— Três! — exclamou Sitnikov. — Garanto-lhes.
— Que garantias oferece?
— A própria cabeça.
— A melhor garantia seria a bolsa do seu pai. Vamos.

CAPÍTULO XIII

A pequena casa de estilo moscovita, onde residia Avdotia (ou Eudóxia) Nikitchna Kurkchine, estava situada numa das ruas da cidade onde recentemente houvera um incêndio. Sabemos que nas cidades provinciais russas há incêndios de cinco em cinco anos. À porta, sobre um cartão de visitas, via-se a corda da campainha.

Na sala de espera os recém-chegados foram recebidos por uma criada ou uma amiga da dona da casa, cujo aspecto indicava claramente as tendências progressistas da dona. Sitnikov informou-se.

— Avdotia Nikitchna, está?
— É você, *Victor?* — Ouviu-se uma voz fina do compartimento vizinho. — Entre. A mulher, criada ou amiga da dona da casa, desapareceu logo.

— Não venho só — disse Sitnikov, tirando desembaraçadamente o capote, sob o qual vestia uma espécie de paletó saco. Olhou rapidamente para Arcádio e Bazarov.

— Não faz mal — respondeu a voz. — *Entrez!*

Os moços entraram num aposento que mais parecia um gabinete de trabalho do que uma sala de visitas. Papéis, cartas, edições volumosas das revistas russas, na maioria intactas, viam-se sobre as mesas cheias de pó. Por toda parte, no chão, havia pontas de cigarros. Sobre um divã forrado de couro, recostada, estava uma mulher ainda moça, loira, em desalinho; usava um vestido de seda quase sujo, e grandes pulseiras nos braços curtos e uma *écharpe* de rendas na cabeça. Ela ergueu-se do divã, vestiu com indiferença um *manteau* de veludo de gola de pele amarela e disse indolentemente: "Bom dia, *Victor"* apertando a mão de Sitnikov.

— Apresento-lhe Bazarov e Kirsanov, disse Sitnikov rispidamente, imitando Bazarov...

— Muito prazer em conhecê-los. Entrem — respondeu a senhora Kukchine. Fixando seus olhos redondos em Bazarov, olhos entre os quais um narizinho arrebitado parecia um órfão, acrescentou: — Já o conhecia — e apertou-lhe a mão.

Bazarov enrugou a testa. Na figura insignificante da mulher emancipada nada havia de imoral. Somente a expressão do rosto exercia desagradável influência em quem a observava. Todo mundo tinha vontade de perguntar-lhe: — Está com fome? Sofre de tédio? Tem medo? Por que oculta seus pensamentos?

Como Sitnikov, ela eternamente sentia um que de desagradável na alma. Falava e movia-se com excessivo desembaraço e, ao mesmo tempo, sem graça. Evidentemente se julgava um ser bom e simples. Apesar disso, tudo o que fazia era aparentemente de má vontade. Como as crianças: sem querer, complicado e pouco natural.

— Conheço-o, Bazarov — repetiu ela. (Tinha o costume das mulheres da província e de Moscou: no primeiro dia chamava os homens pelo sobrenome). — Quer um cigarro?

— Não é mau um cigarro — disse Sitnikov, esparramando-se sobre a cadeira e levantando uma perna.

— Mas o que queremos antes é almoçar. Temos uma fome de lobos. Não se esqueça de uma garrafinha de champanhe.

— Sibarita — disse Eudóxia. (Quando ria, seu lábios superior descobria as gengivas). Tenho razão, Bazarov?

— Adoro uma vida confortável — disse com importância Sitnikov. — Tal gosto não impede que seja liberal.

— Como não! — exclamou Eudóxia, ordenando à criada o almoço e o champanhe. — Que pensa o senhor? — disse a Bazarov. — O senhor será certamente da minha opinião?

— Nunca — respondeu Bazarov. — Um pedaço de carne é melhor que um de pão, até sob o ponto de vista químico.

— O senhor estuda química? É a minha paixão! Inventei até uma cola.

— Cola? A senhora?

— Eu. Sabe com que fim? Para fabricar as cabeças inquebráveis das bonecas. Sou também uma mulher prática. Não está ainda tudo pronto. É preciso ainda ler um pouco mais de Liebig. A propósito: já leu o artigo de Kiskiakov sobre o trabalho da mulher, publicado no jornal *Notícias de Moscou*? Leia. Interessa-lhe a questão feminina? As escolas também? Que faz seu amigo? Como se chama?

A senhora Kukchine dirigia uma pergunta após outra, com simulado desinteresse, não esperando resposta. As crianças mimadas falam assim com suas amas.

— Chamo-me Arcádio Nikolaievith Kirsanov — disse Arcádio. — Nada faço neste mundo.

Eudóxia achou graça e soltou uma estridente gargalhada.

— Estupendo! O senhor fuma? *Victor*, estou zangada com você.

— Por que?

— Dizem que elogia novamente George Sand. É uma mulher atrasada e nada mais! É impossível compará-la com Emerson! Não tem nenhuma idéia da educação, da fisiologia e de coisa alguma. Tendo certeza que nunca ouviu falar em embriologia. No nosso século é possível passar sem embriologia? (Eudóxia chegou até a abrir os braços). Que estupendo artigo escreveu sobre esse assunto Eliseievitch! É um homem genial! (Eudóxia não disse "homem" mas "senhor", como era seu costume). Amigo Bazarov, sente-se aqui perto de mim. Talvez não saiba que tenho muito medo do senhor.

— Por que? — disse ele. — Tenho curiosidade de sabê-lo.

— O senhor é um homem perigoso. Tem grande inclinação para a crítica. Meu Deus! Como sou ridícula falando como qualquer fazendeira atrasada! Mas não passo na realidade de uma fazendeira. Eu mesma trato de minha fazenda. Tenho um administrador chamado Erofei, um tipo admirável. Parece-se com Pathfinder de Cooper. Tem algo de extraordinário e inconfundível! Instalei-me definitivamente aqui. Esta cidade é insuportável! Mas que se vai fazer?

— É uma cidade como as outras — observou calmamente Bazarov.

— Há um mundo de interesses mesquinhos a defender! É horrível! Outrora, eu passava o inverno em Moscou... Agora lá reside meu maridinho, o senhor Kukchine. Moscou também, segundo soube, está muito diferente. Pretendo visitar o estrangeiro.

— Naturalmente Paris? — disse Bazarov.

— Paris ou Heidelberg.

— Por que lhe interessa Heidelberg?

— Que pergunta! Lá posso conhecer Bunsen!

Bazarov nada respondeu.

— *Pierre* Sapochnikov... Conhece-o?

— Não.

— Não diga! *Pierre* Sapochnikov... Sempre está em casa de Lídia Tchostatov.

— Também não conheço essa senhora.

— *Pierre* vai acompanhar-me. Graças a Deus sou livre e não tenho filhos... Que disse agora? *Graças a Deus*! Não tem importância.

Eudóxia enrolou um cigarro com seus dedos amarelecidos pelo fumo, passou a ponta da língua no papel, e acendeu-o. Entrou nesse momento uma criada com a bandeja.

— Aqui está o almoço! Querem um aperitivo? Vítor, abra aquela garrafa. Isso é sua especialidade.

— Minha especialidade — murmurou Sitnikov — e riu-se de novo, estridentemente.

— Temos aqui mulheres belas? — indagou Bazarov, acabando de beber a terceira taça.

— Temos — respondeu Eudóxia. — Mas são tão vulgares! Minha amiga, a senhora Odintsov, por exemplo, não é má. Lamento que a sua reputação seja um tanto duvidosa... Não seria um defeito, porém ela não possui aquela largueza de vistas... Nada disso... Devemos reformar todo o nosso sistema de educação... Já pensei nisso. As nossas mulheres são pessimamente educadas.

— Não conseguirá coisa alguma — apressou-se a dizer Sitnikov. — Devemos desprezá-las, e eu desprezo-as de todo o coração! (A possibilidade de desprezar e manifestar seu desprezo era uma sensação agradabilíssima para Sitnikov. Atacava principalmente as mulheres, sem suspeitar de que, meses depois, seria obrigado a humilhar-se perante a sua própria esposa, só porque era uma princesa Durdoliosov). Nenhuma delas seria capaz de compreender a nossa palestra. Não merecem que nós, homens sérios, nos ocupemos das mulheres.

— Elas não têm necessidade alguma de compreender a nossa palestra — disse Bazarov.

— De quem o senhor está falando? — interveio Eudóxia.

— Refiro-me às mulheres lindas.

— Como? O senhor, ao que parece, aceita a opinião de Proudhon!

Bazarov respondeu com altivez.

— Não aceito as opiniões de quem quer que seja, porque tenho as minhas próprias.

— Abaixo as autoridades! — exclamou Sitnikov, satisfeito por ter uma oportunidade de expressar-se energicamente na presença do homem que respeitava servilmente.

— Mas o próprio Macaulay — começou a senhora Kukchine...

— Abaixo Macaulay! — bradou Sitnikov. — Está defendendo essas mulherzinhas nulas?

— Não defendo mulherzinhas frívolas e sim os direitos da mulher que jurei defender até à última gota do sangue.

— Abaixo!... — e aqui Sitnikov interrompeu-se. — Mas eu não nego os direitos da mulher — disse.

— Vejo que é eslavófilo!

— Não. Não sou eslavófilo, ainda que na verdade...

— Não e não! O senhor é eslavófilo. Um admirador do *Domostroi*. O partidário do chicote para a manutenção da paz conjugal!

— O chicote é um objeto útil — observou Bazarov. — Chegamos à última gota...

— De que? — interrompeu Eudóxia.

— Do champanhe, caríssima Avodia Nikitichna — do champanhe e não do seu precioso sangue.

— Não posso ouvir tranqüilamente os ataques contra as mulheres — continuou Eudóxia. É espantoso. Em lugar de atacá-las, leiam os senhores o livro de Michelet, *De l'Amour*. É uma verdadeira maravilha! Senhores, vamos dissertar sobre o amor — concluiu Eudóxia — deixando cair lentamente sua mão sobre a almofada do divã.

Todos se calaram.

— Não. De que serve falar sobre o amor — disse Bazarov.

— Acabou de citar o nome da senhora Odintsov... É assim mesmo que ela se chama? Quem é essa criatura?

— É um verdadeiro encanto! — gritou em voz estridente Sitnikov. — Posso apresentá-lo. É inteligente rica e viúva. Infelizmente, não é muito culta. Devia aproximar-se mais da nossa amiguinha Eudóxia. Bebo à sua saúde, *Eudóxia!* Vamos a um brinde! *Et toc, et toc, et tin-tin-tin. Et toc, et toc et tin-tin-tin!!!*...

— *Victor*, você é um moleque.

O almoço durou muito tempo. Após uma garrafa de champanhe veio outra, uma terceira e até uma quarta... Eudóxia falava sem cessar. Sitnikov também. Discutia-se muito sobre o casamento. O tema era o seguinte: É o casamento um preconceito ou um crime? Referiram-se também à igualdade ou desigualdade inata dos homens. Surgiu ainda uma questão: Que é a individualidade? A palestra terminou de modo inesperado: Eudóxia, rubra do vinho que tinha bebido, batendo suas unhas chatas no teclado de um velho piano, pôs-se a cantar em voz rouca primeiramente as canções dos ciganos e em seguida a *romanza* de Saymor-Schiff: *Dorme Granada*, e *sonha*. Sitnikov, depois de envolver a cabeça com a *écharpe* simulando um turbante, representava o papel de apaixonado que espera alguém, principalmente quando se ouvia a seguinte passagem da *romanza*:

> E teus lábios num só beijo
> Com os meus lábios reunir.

Arcádio acabou perdendo a paciência.

— Senhores, basta de cenas de hospício — disse em voz alta.

Bazarov, que de quando em quando proferia uma palavra irônica e prestava mais atenção ao champanhe, bocejou rumorosamente, ergueu-se e, sem se despedir da dona da casa, saiu em companhia de Arcádio. Sitnikov acompanhou-os também.

— Que tal? — indagava correndo da direita para a esquerda.
— como lhes disse, é uma mulher notável! Precisávamos de muitas mulheres assim! Ela é, de um certo modo, um fenômeno altamente moral.

— O estabelecimento de seu pai é também um fenômeno moral? — perguntou Bazarov, indicando com o dedo a taberna em frente da qual passavam.

Sitnikov riu de novo estridentemente. Sentia vergonha da sua ascendência. Não sabia agora se o gesto inesperado de Bazarov lhe era lisonjeiro ou ofensivo.

CAPÍTULO XIV

Alguns dias depois, realizou-se o baile na casa do governador. Mateus Ilitch era o "herói da festa". O chefe político da província fez saber a todos e cada um em separado que tinha chegado em homenagem à sua pessoa apenas. O governador, em pleno baile, permanecia quieto ou dava algumas ordens timidamente. A delicadeza de trato de Mateus Ilitch casava-se bem com a sua imponência. Sabia dizer uma palavra amável a todos, a uns com ligeiro enfado, a outros com leve respeito. Expandia-se *em vrai Chevalier français* na presença das senhoras e ria sem parar com o seu riso forte, ruidoso e único, como convém a um alto funcionário do governo. Bateu nas costas de Arcádio chamando-o bem alto de "querido sobrinho". Honrou Bazarov (que trajava um fraque velho) com um olhar distraído, mas condescendente, com uma espécie de mugido indefinível, em que se ouviam as seguintes palavras: "Eu... muito..." ofereceu um dedo a Sitnikov, sorrindo-lhe e virando-lhe as costas. Até à senhora Kukchine, que compareceu ao baile de luvas sujas e com uma ave de paraíso no chapéu, chegou a dizer: *Enchanté*. Havia muita gente e não faltavam cavalheiros. Os civis agrupavam-se junto às paredes, os militares dançavam à vontade, principalmente um deles que passara umas seis semanas em Paris, onde aprendeu uma série de exclamações francesas como: *zut. Ah fichtrrre. Pst, pst, mon bibi, etc.* Pronunciava esses termos com perfeição, com verdadeiro chique parisiense, cometendo ao mesmo tempo erros de francês, como: *si j'aurais* em vez de *si j'avais e absolumente* com o sentido de "indispensavelmente". Em resumo, falava um francês à russa, que tanto diverte os franceses quando não estão dispostos a convencer os nossos patrícios de falamos a sua língua como os anjos, *comme des anges.*

Arcádio dançava muito mal, como já sabemos. Bazarov não dançava. Ambos se instalaram num canto do salão. Sitnikov juntou-se a ambos. Aparentando um sorriso sarcástico, proferia ditos venenosos, olhava em redor com ar provocante e parecia sentir um grande prazer.

Repentinamente mudou de expressão. Dirigindo-se a Arcádio, disse:

— A senhora Odintsov acaba de chegar.

Arcádio percorreu o salão com o olhar e viu uma mulher alta, trajada de preto e parada junto à porta. Impressionou-o pela distinção do porte. Seus braços nus repousavam adoravelmente junto ao seu talhe esbelto. Ramos de fúcsias caíam lindamente da esplêndida cabeleira sobre os ombros bem feitos. Calmos e inteligentes, seus olhos claros vagavam pelo ambiente. Os lábios esboçavam um leve sorriso.

— Conhece-a? — perguntou Arcádio a Sitnikov.

— Pouco. Quer que o apresente?

— Não é mau... Depois desta quadrilha.

Bazarov também fitou com atenção a senhora Odintsov.

— Quem é essa mulher? — foram as suas palavras. — Não se parece com as outras.

Finda a quadrilha, Sitnikov levou Arcádio para junto da senhora Odintsov. Era evidente que a conhecia muito pouco. Começou a dizer-lhe qualquer coisa. Ela ouvia-o com certo espanto. Entretanto, logo se animou quando ouviu o sobrenome de Arcádio. Perguntou-lhe se era filho de Nicolau Petrovich.

— Em pessoa.

— Vi se pai duas vezes. Ouvi falar muito a seu respeito — continuou a senhora Odintsov. — Muito prazer em conhecer seu filho.

Nesse instante veio convidá-la para uma quadrilha um elegante militar.

Aceitou o convite.

— A senhora também dança? — Danço. Por que não hei de dançar? Acha que sou muito velha?

— Perdão, como é possível... Nesse caso, permita-me que a convide para a mazurca.

A senhora Odintsov sorriu, aquiescendo.

— Pois não — disse e fitou Arcádio, não de alto a baixo, mas como as irmãs casadas costumam encarar seus irmãos ainda muito moços.

A senhora Odintsov era um pouco mais velha do que Arcádio. Tinha vinte e nove anos de idade. Em sua presença, entretanto, ele se sentia tímido, como se a diferença de idade entre ambos fosse muito maior. Mateus Ilitch aproximou-se com ares majestáticos e palavras amáveis. Arcádio afastou-se continuando a observá-la. Não tirava os olhos dela durante a quadrilha. A senhora Odintsov conversava sem afetação com seu par, assim como com o alto dignitário do governo. Movia lentamente a cabeça e os olhos. Riu-se por duas vezes. Seu nariz era um tanto volumoso, como o de quase todos os russos. A cor da sua pele não era totalmente pura e uniforme. Apesar disso, Arcádio chegou à conclusão de que nunca tinha visto na sua vida outra mulher mais bela. A sua voz não lhe saía dos ouvidos. As próprias dobras do seu vestido pareciam ter uma disposição diferente: mais harmônica e ampla. Os movimentos eram particularmente graciosos e naturais.

Arcádio sentia um certo receio, quando, aos primeiros sons da mazurca, ocupou um lugar ao lado de sua dama. Preparando-se para travar uma conversação, só passava as mãos pelos cabelos e não encontrava uma única palavra para lhe dizer. O seu medo e a sua confusão não duraram muito. A calma da senhora Odintsov comunicou-se-lhe também. Mal tinha passado um quarto de hora, ele desembaraçadamente contou-lhe tudo sobre seu pai, seu tio o sobre a vida em S. Petersburgo e no campo.

A senhora Odintsov ouvia-o com simulada atenção, abrindo e fechando devagar o leque. A sua palestra só se interrompia quando vinham tirá-la para dançar. Sitnikov também a convidou duas vezes. No fim de cada contradança, ela voltava para o seu lugar, sentava-se e tomava o leque. Seu peito parecia arfar como sempre. Arcádio reiniciava seu diálogo, feliz de se achar em sua presença, de falar-lhe e de contemplar de perto sua bela fronte e todo o seu semblante inteligente e sério. Ela falava pouco. Pelas suas palavras se percebia grande conhecimento da vida. A julgar por algumas conclusões, Arcádio convenceu-se de que aquela mulher, ainda jovem, já sentira e sofrera muito na vida...

— Com quem estava quando o senhor Sitnikov me apresentou? — indagou a Senhora Odintsov.

— Também o viu? — perguntou por sua vez Arcádio. — Não é verdadeiramente muito simpático? É Bazarov, meu amigo.

Arcádio começou a contar-lhe a história do "seu amigo".

Falava a seu respeito com tantos pormenores e com tal entusiasmo, que a senhora Odintsov fitou-o com atenção. A mazurca estava para terminar, e Arcádio ficou triste por ter de separar-se da dama. Tinha passado uma hora tão agradável em sua companhia! Na realidade, durante todo esse tempo, sentiu sempre uma espécie de condescendência dela para com ele, o que o obrigava a ser-lhe grato... Os corações jovens não conservam muito esse sentimento.

A música cessou.

— *Merci* — agradeceu a senhora Odintsov, erguendo-se. — O senhor prometeu fazer-me uma visita. Leve seu amigo também. Terei muito prazer em conhecer o homem que tem a coragem de não acreditar em coisa alguma.

O governador acercou-se da senhora Odintsov. Veio comunicar-lhe que a ceia estava pronta. Ofereceu-lhe o braço com ar preocupado. Seguindo-o, ela voltou-se para sorrir mais uma vez e despedir-se de Arcádio. Ele fez lhe uma reverência profunda, seguindo-a com o olhar. O seu talhe pareceu-lhe tão esbelto, inundado do brilho do seu vestido de seda preta! E pensou: "Neste momento já se esqueceu de que existo" — e sentiu-se, sem saber porque, consolado.

— Que tal? — disse Bazarov, vendo que Arcádio regressava ao canto do salão onde se instalaram. — Divertiu-se muito? Agora, há pouco, um cavalheiro me disse que essa senhora é pouco séria. Acho que o informante é um idiota. Qual é a sua opinião?

— Não compartilho tal opinião — respondeu Arcádio.

— Ora, que inocência!

— Não compreendo no caso a opinião do seu informador. A Senhora Odintsov é indubitavelmente simpática, porém de uma conduta austera e irrepreensível, ao ponto de...

— Honesta só dentro das águas turvas... Como deve saber! — interrompeu Bazarov. — Diz que é fria. Aí está o bom gosto. Não aprecia sorvete?

— É possível — resmungou Arcádio. — Nada posso dizer a respeito. Ela deseja conhecê-lo. Pediu-me que fôssemos visitá-la.

— Imagino quanta coisa disse a meu respeito! Fez muito bem. Leve-me à sua casa. Seja quem for, simples *coquette* provinciana ou mulher emancipada semelhante a Eudóxia, sei que tem um colo como nunca vi na minha vida.

Arcádio não gostou do cinismo de Bazarov, mas — como quase sempre acontecia, censurou seu amigo por outro motivo e não pelo que não lhe agradou...

— Por que não admite a liberdade do pensamento, quando se trata de mulheres? — disse a meia voz.

— Porque, meu caro, segundo as minhas observações, só pensam livremente as mulheres que são viragos.

A sua conversa interrompeu-se nesse ponto. Ambos saíram logo depois da ceia. A senhora Kukchine riu-lhes nervosamente. Seu amor-próprio sentia-se profundamente ofendido, porque nem Arcádio nem Eugênio lhe prestaram a mínima atenção. Foi a última a deixar o salão de baile. Às quatro horas da madrugada dançou ainda uma polca-mazurca, à pariense, com Sitnikov. Com essa dança terminou a festa oferecida pelo governador.

CAPÍTULO XV

— Vamos ver a que classe de mamíferos pertence essa mulher — dizia no dia seguinte Bazarov a Arcádio, galgando a escada do hotel, em que se hospedara a senhora Odintsov. — O meu faro diz que aqui nem tudo está bem.

— Não me admira! — exclamou Arcádio. — Mas você, Bazarov, é partidário da estreita moral que...

— É engraçado! — interrompeu-o rispidamente Bazarov. — Sabe que na nossa língua e para gente como nós nem tudo que está bem significa que está ótimo? Tudo aqui me cheira à riqueza. Declarou-me que ela se casou de um modo um tanto estúpido. Na minha opinião, casar-se com um velho rico nada tem de absurdo e é até inteligente. Não creio nos diz-que-diz-ques da cidade. Penso, porém, que são justos, como afirma o nosso culto governador.

Arcádio nada respondeu. Bateu na porta de um apartamento. Um criado em libré conduziu-os ambos a uma sala ampla e mobiliada pessimamente, como todos os apartamentos dos hotéis russos. Estava, contudo, enfeitada de flores. Não demorou em aparecer a senhora Odintsov, que trajava uma *toilette* simples e matinal. Era ainda mais moça à luz do sol da primavera. Arcádio apresentou-lhe Bazarov. Notou, intimamente admirado, que seu amigo aparentava um certo acanhamento. Enquanto isso, a senhora Odintsov mantinha-se completamente calma como na véspera. Bazarov sentia também sua própria confusão. Ficou aborrecido. "Aí está! Fiquei com medo desta mulher!" pensou. Esparramando-se todo na cadeira, imitando nisso Sitnikov, pôs-se a falar com excessivo desembaraço.

A senhora Odintsov não o fitava demoradamente.

Ana Sergueievna Odintsov — era filha de Sérgio Nikolaievitch Lokev, um belo homem, negocista e jogador, que, depois de uma carreira elegante e perdulária de quinze anos, em S. Petersburgo e Moscou, acabou perdendo no jogo tudo o que possuía, sendo obrigado a mudar-se para o campo onde morreu logo, deixando uma modesta propriedade às duas filhas: Ana, de vinte anos de idade, e Catarina, de doze. Sua mãe, descendente dos arruinados príncipes K., faleceu em S. Petersburgo, quando seu marido ainda se achava em plena prosperidade. A situação de Ana era difícil, depois da morte de seu pai. A ótima educação que recebera na capital não a preparara para os misteres domésticos e uma existência obscura na província. Não conhecia ninguém. Não tinha a quem pedir um conselho. Seu pai sempre evitara quaisquer relações com os vizinhos. Desprezava-os. Eles pagavam-lhe também com desprezo, cada qual como podia. A jovem, entretanto, não desanimou. Mandou vir imediatamente para sua casa uma tia materna, a princesa Avdotia Stepanovna K., velha ranzinza e caprichosa. Passando a morar na casa da sobrinha, ocupou os melhores aposentos. Resmungava de manhã à tarde. Não passeava pelo jardim senão em companhia do seu único servo, um criado triste de libré usada e chapéu de três bicos. Ana suportava com paciência todos os caprichos da tia. Tratava da educação da irmã e parecia disposta à vida no campo... Mas o destino reservou-lhe outra existência. Casualmente, viu-a um certo Odintsov, homem muito rico, de quarenta e seis anos de idade, esquisitão, hipocondríaco, gordo e indolente. Mas não era tolo. Apaixonou-se por ela e pediu-a em casamento. Ela aceitou a proposta. Depois de seis anos de casado, o marido, ao morrer, deixou-lhe todos os bens. Durante um ano, depois da sua morte, Ana Sergueievna não saiu da sua propriedade. Findo esse prazo, embarcou em companhia da irmã para o estrangeiro. Visitou somente a Alemanha. Teve saudades da pátria e regressou ao seu querido Nikolskoie, a uns quarenta quilômetros da cidade. Nessa grande propriedade possuía uma casa otimamente arranjada e um lindo jardim com estufas para flores raras. O falecido Odintsov vivera sempre à larga. Na capital da província, Ana Sergueievna aparecia pouquíssimas vezes, quase sempre a negócios e por breve tempo. Não era estimada. Todos comentavam sarcasticamente seu casamento com Odintsov. Diziam a seu respeito muitas coisas desagradáveis. Afirmavam que ela auxiliava seu pai nas suas patifarias de jogador profissional e que a sua viagem ao estrangeiro foi motivada por certas ocorrências comprometedoras do jogo... "Sabem porque?" — acrescentavam os boateiros. "Atravessou a água e o fogo" diziam. Um conhecido pândego da província costumava ainda dizer: "Atravessou também os tubos de cobre..." Todos esses mexericos chegavam-lhe ao conhecimento, ela porém, não lhes dava importância. Era um caráter livre e resoluto.

A senhora Odintsov, reclinada no espaldar da cadeira e com uma mão sobre a outra, ouvia Bazarov. Contra os seus hábitos, ele falava muito. Esforçava-se por interessar a sua interlocutora, o que deixou admirado a Arcádio. Não tinha certeza se Bazarov conseguia o seu propósito. Pela atitude de Ana Sergueievna era difícil adivinhar as suas impressões. Conservava a mesma expressão amável e discreta. Seus belos olhos cintilavam de atenção, mas uma atenção ponderada. O exibicionismo de Bazarov, nos primeiros minutos da visita, produziu nela um efeito desagradável como um mau cheiro ou um som demasiado forte e duro. ela, porém, compreendeu logo que seu hóspede se sentia acanhado. Só a frivolidade lhe causava péssima impressão. Bazarov não podia ser acusado de frívolo. A admiração de Arcádio naquele dia foi crescente. Esperava que Bazarov falasse com a senhora Odintsov, mulher culta e inteligente, sobre as suas convicções e pontos de vista. Foi ela mesma que manifestara o desejo de ouvir o homem "que tem a coragem de não crer em coisa alguma". Em lugar disso, Bazarov dissertava sobre a medicina, homeopatia e botânica. Verificou-se que a senhora Odintsov não perdia seu tempo no campo: lera vários livros bons. Falava corretamente a língua russa. Orientou a palestra para a música. Percebendo que Bazarov negava o valor da arte, delicadamente mudou de assunto para a botânica, embora Arcádio lhe começasse a explicar o sentido das melodias populares. A senhora Odintsov continuava a tratá-lo como seu irmão menor. Apreciava em Arcádio a bondade sincera da juventude e nada mais. Conversaram mais de três horas, em tom calmo, variado e interessante.

Os amigos ergueram-se, afinal, para despedir-se. Ana Sergueievna tratou-os com certa ternura; estendeu a ambos sua linda mão branca. Depois de refletir um pouco, disse com sorriso bondoso:

— Se não têm medo do tédio, venham um dia à Nikolskoie.

— Tédio, Ana Sergueievna! — exclamou Arcádio. — Serei imensamente feliz e...

— E o senhor Bazarov?

Bazarov limitou-se a fazer uma reverência. Arcádio mais uma vez ficou admirado: notou que seu amigo corara.

— Então? — dizia-lhe já na rua. — Continua ainda a afirmar que ela é uma mulher pouco séria?

— Quem sabe! Está vendo a sua frieza? — disse Bazarov e depois de um breve silêncio, acrescentou: — Uma princesa, dona absoluta de seus súditos. Cabia-lhe bem uma coroa real.

— As nossas princesas não falam tão bem a língua russa — observou Arcádio.

— É deliciosa — disse Arcádio.

— Um corpo valiosíssimo! — sugeriu Bazarov. — Utilíssimo num anfiteatro de anatomia.

— Cale-se, por amor de Deus, Eugênio! Está dizendo absurdos.

— Não se zangue, meu amiguinho. Disse que é de primeira qualidade. É preciso visitá-la na sua fazenda.

— Quando?

— Podemos fazê-lo depois de amanhã. Que nos prende aqui? Beber champanhe com Eudóxia Kukchine? Ouvir seu parente aquele dignitário liberal?... Vamos depois de amanhã. A propósito, o sítio do meu pai não fica longe de lá. É Nikolskoie mesmo que fica na estrada N.?

— Ótimo. Não percamos tempo. Só perdem tempo idiotas demasiado inteligentes. Digo-lhe ainda: que valiosíssimo corpo!

Três dias depois, ambos os amigos vinham em direção a Nikolskoie. O dia era claro e fresco. Os animais bem tratados corriam juntos, sacudindo levemente as caudas amarradas e trançadas. Arcádio contemplava a estrada e sorria sem saber porque.

— Dê-me parabéns — exclamou de repente Bazarov. — Hoje, vinte e dois de junho, é o dia de meus anos. Coitado de meus pais! Esperam-me hoje em casa — acrescentou abaixando a voz...

— Bem; que esperem. Não tem importância.

CAPÍTULO XVI

A fazenda onde residia Ana Sergueievna tinha a sua sede numa proeminência do terreno, perto de uma igreja amarela de alvenaria, com telhado verde, colunas brancas e afrescos na entrada principal representando a *Ressurreição do Senhor*, de gosto "italiano". Interessante principalmente eram os contornos arredondados de um guerreiro moreno que ocupava o primeiro plano do quadro. Atrás da igreja se estendia a povoação em duas longas fileiras de casas. Viam-se algumas chaminés encimando edifícios cobertos de palha. A sede da propriedade estava instalada num edifício do mesmo estilo da igreja, conhecido entre nós pela denominação de estilo de Alexandre. A casa, também pintada de amarelo, tinha um telhado verde, colunas brancas e uma fachada com o brazão. O arquiteto provinciano construíra ambos os edifícios com a aprovação do falecido Odintsov, que não suportava nenhum ornato inútil ou original. De ambos os lados da casa cercavam-na grandes árvores de um velho jardim. Uma alameda de plantas ornamentais conduzia à entrada principal do solar.

Dois criados de libré vieram ter com os nossos amigos na sala de espera. Um deles imediatamente foi chamar o mordomo.

O mordomo, homem gordo de fraque preto, compareceu logo e acompanhou os hóspedes por uma escada atapetada a um compartimento reservado, onde já se viam duas camas e todos os objetos necessários à *toilette*. Em casa reinava ordem: tudo era limpo, sentia-se um certo aroma agradável por toda parte, aroma semelhante ao das salas de recepção dos ministérios.

— Ana Segueievna pede que os senhores venham dentro de meia hora — disse o mordomo. — Durante esse tempo terão algumas ordens a dar?

— Ordem nenhuma, meu respeitável senhor — respondeu Bazarov. — Isto é, um cálice de aguardente aceitaríamos com prazer.

— Imediatamente — disse o mordomo um tanto perplexo, e afastou-se, fazendo ranger as botas.

— Uma princesa de sangue azul — replicou Arcádio. — Depois de uma breve palestra, pela primeira vez, convidou para sua casa os grandes aristocratas que somos nós.

— Principalmente eu, futuro curandeiro, filho de curandeiro e neto de sacristão... Sabia que eu era neto de sacristão?...

— Como Speranski — continuou Bazarov depois de algum silêncio. Que luxo é esse? É muito exigente essa senhora em matéria de etiqueta! Vamos apresentar-nos de fraque?

Arcádio apenas ergueu de leve os ombros, porque também se sentia um pouco atrapalhado.

Meia hora depois, Bazarov e Arcádio penetraram na sala de visitas. Era um compartimento amplo, alto, mobiliado com luxo, mas sem gosto particular. Os móveis caros e pesados estavam bem distribuídos ao longo das paredes, exibindo forros de cor castanha com desenhos doirados. O falecido Odintsov mandara vir aqueles móveis de Moscou, por intermédio de um amigo, negociante em bebidas. Sobre o sofá do meio pendia o retrato de um homem loiro e de faces flácidas que parecia olhar hostilmente os hóspedes. "Deve ser *ele mesmo*" cochichou Bazarov para Arcádio. E, franzindo o nariz, disse ainda: "Não será melhor ir embora?" Mas nesse momento entrou a dona da casa. Trajava um leve vestido claro. Seus cabelos bem penteados davam uma expressão de juventude ao rosto franco e belo.

— Agradeço-lhes. São homens de palavra. — Sejam benvindos. Creio que não passarão muito mal. Quero apresentá-los à minha irmã. Toca bem piano. O senhor Bazarov não se interessa, mas o senhor Kirsanov parece-me que gosta muito de música. Além de minha irmã, aqui reside minha tia. Vem de quando em quando um vizinho para jogar cartas. Eis a nossa sociedade. Sentem-se, por favor.

A senhora Odintsov pronunciou esse pequeno discurso com notável clareza, como se o lesse. Voltou-se depois para Arcádio. Soube-se que sua mãe fora amiga da mãe de Arcádio e até confidente no seu amor com Nicolau Petrovitch. Ele começou a falar com calor da sua falecida mãe. Bazarov, nesse tempo, estava examinando os álbuns. "Não sei porque fiquei tão recatado" pensava.

Um lindo galgo russo de coleira azul entrou na sala de visitas, batendo as unhas no soalho. Logo depois veio uma jovem de uns dezoito anos de idade, morena, de rosto amplo e agradável, olhos escuros e pequenos. Segurava uma cesta cheia de flores. "Eis a minha Katia" apresentou a sra. Odintsov, indicando a jovem com um movimento de cabeça.

Katia fez uma ligeira reverência. Ocupou um lugar perto da irmã e foi escolhendo as flores. O galgo, de nome Fifi, aproximou-se, sacudindo a cauda, e encostou à mão da jovem o seu focinho frio.

— Foi você quem colheu essas flores? — perguntou a senhora Odintsov.

— Sim — respondeu Katia.

— A titia vem tomar chá?

— Vem.

Quando Kátia falava, sorria adoravelmente, num mixto de acanhamento e sinceridade. Olhava com severidade engraçada, do baixo para o alto. Era ainda muito jovem: a voz, a penugem das faces, as mãos cor de rosa com os círculos esbranquiçados das palmas e os ombros mal formados... Corava a todo momento e arfava sempre.

A senhora Odintsov perguntou a Bazarov:

— É por mera delicadeza, que se interessa por esses álbuns? Acho que sim. Venha até aqui. Vamos conversar.

Bazarov aproximou-se.

— Qual é o assunto que escolheu?

— Qualquer assunto. Previno-o de que sou uma adversária perigosa.

— A senhora?
— Eu. Parece que isso o surpreende. Por que?
— Porque acho que é de índole calma e fria. Para as discussões é necessário ter entusiasmo.
— Como o senhor já conseguiu conhecer-me tão depressa? Em primeiro lugar sou impaciente e obstinada. Pergunte-o a Kátia. Em segundo, apaixono-me facilmente pelo tema.
Bazarov fitou Ana Sergueievna.
— É possível. Deve saber melhor. Se lhe agrada um debate, vamos discutir. Estava examinando no seu álbum uns aspectos alpestres da Saxônia. Disse que não me pode interessar. Declarou-o porque não reconhece em mim um senso crítico da arte. Efetivamente não o possuo. Mas as fotografias dessa região poderiam interessar-me sob o ponto de vista geológico, no que se refere à teoria da formação das montanhas, por exemplo.
— Perdoe-me. Na qualidade de geólogo, tem mais necessidade de um livro, de obra especializada, do que de simples fotografias ou desenhos.
— Um simples desenho pode explicar-me o que no livro ocupa dez páginas.
Ana Sergueievna guardou silêncio durante algum tempo.
— Então o senhor não dispõe nem mesmo de um pouquinho de senso artístico? — disse a seguir, encostando-se à mesa e aproximando-se com esse movimento o seu rosto de Bazarov. — Como consegue viver assim?
— Desejo que me diga: para que me serviria o senso artístico?
— Serviria, por exemplo, para conhecer e estudar os homens.
Bazarov sorriu.
— Primeiramente, para isso existe a experiência da vida; em segundo lugar, posso dizer-lhe que estudar as personalidades separadas não vale a pena. Todos os homens se parecem uns aos outros, tanto no corpo como na alma. Cada um de nós possui um cérebro, um baço, um coração, os pulmões, órgãos igualmente constituídos. As próprias qualidades morais, assim chamadas, são também iguais. Pequenas diferenças de pontos de vista nada significam. Basta um exemplar humano, para que se conheçam os restantes. Os homens são como as árvores na floresta: nenhum botânico perderá tempo em estudar cada bétula em separado.

Kátia, que tranqüilamente separava as flores uma por uma, levantou os olhos para Bazarov, com evidente surpresa. Encontrando o seu olhar rápido e altivo, corou intensamente. Ana Sergueievna meneou a cabeça, como que lamentando alguém ou alguma coisa.

— As árvores da floresta — repetiu ela. — Quer dizer que, a seu ver, não existe diferença alguma entre um homem inteligente e um idiota, entre um bom e um mau?

— Existe: é a mesma diferença que há entre um são e um doente. Os pulmões de um tuberculoso são diversos dos que temos nós, embora igualmente constituídos. Conhecemos mais ou menos a causa dos males corporais. Os males morais tem a sua causa na má alimentação, em todas as tolices com que, desde a infância, se enchem as cabeças dos homens, na organização indecorosa da sociedade em suma. Reformem a sociedade e não teremos moléstias.

Bazarov dissertava como se pensasse: "Creia-me ou não, para mim é indiferente!" Passava os longos dedos pelas suíças, enquanto seu olhar vagava pelos cantos da sala.

— Acredita — disse Ana Sergueievna — que quando a sociedade melhorar, já não teremos mais idiotas nem maus?

— Em último caso, numa sociedade bem organizada, será indiferente que o homem seja idiota ou sábio, mau ou bom.

— Compreendo agora: todos terão o mesmo baço ou o mesmo fígado.

— É isso, minha senhora.

A senhora Odintsov interrogou Arcádio.

— Qual é a sua opinião, Arcádio Nikolaievitch?

— Concordo com Eugênio — respondeu ele.

Kátia fitou-o séria.

— Os senhores surpreendem-me — disse a senhora Odintsov. — Continuaremos depois a nossa palestra. Agora a titia quer tomar chá. Devemos respeitar os seus ouvidos.

A tia de Ana Sergueievna, a princesa K., mulher miúda e magra, de rosto seco e pequeno e olhos maus, imóveis sob as sobrancelhas grisalhas, acabava de entrar. Depois de uma ligeira reverência aos hóspedes, ocupou uma ampla poltrona forrada de veludo, na qual, além, dela, ninguém tinha o direito de sentar-se. Kátia colocou-lhe um banquinho em baixo dos pés. A velha não lhe agradeceu esse gesto, nem sequer olhou para ela. Mexeu apenas as mãos sob o chalé amarelo que lhe cobria quase todo o corpo magro. A princesa tinha predileção pelo amarelo. Até o seu gorro tinha fitas dessa cor.

— Como passou titia? — indagou a senhora Odintsov, elevando a voz.

— Este cachorro está aqui de novo — resmungou em resposta a velha.

Percebendo que Fifi dera dois passos indecisos em sua direção, gritou: — Sai, sai!

Katia chamou Fifi e abriu-lhe a porta.

Fifi correu alegre para fora, na esperança de um passeio. Ficando, porém, sozinha atrás da porta, começou a arranhá-la com as unhas e ganir. A princesa zangou-se. Katia queria sair...

— Acho que o chá está pronto, senhores — disse a senhora Odintsov. — Titia, vamos tomar chá.

A princesa levantou-se silenciosa da sua poltrona e foi a primeira a sair da sala de visitas. Todos a acompanharam para a sala de jantar. Um criadinho em libré afastava rumorosamente da mesa uma poltrona cheia de almofadas, a poltrona privativa da princesa. Katia, que servia o chá, ofereceu-lhe antes de todos uma chávena com brazão colorido. A velha pôs um pouco de mel na chávena. Achava que tomar chá com açúcar ficava muito caro, embora não gastasse um níquel em coisa alguma. Interpelou de repente, em voz rouca:

— Que escreve o príncipe Ivan?

Não lhe responderam. Bazarov e Arcádio perceberam logo que ninguém lhe prestava atenção, ainda que a tratassem com respeito.

"É só para *manter* a importância da casa que guardam aqui este aborto principesco" pensou Bazarov...

Depois do chá, Ana Sergueievna propôs um passeio. Começou a chover. Todos, com exceção da princesa, voltaram à sala de visitas. Chegou o vizinho apaixonado pelo jogo de cartas, que se chamava Porfírio Platonitch, homenzinho obeso e de cabelos brancos, pernas curtas, muito amável e risonho. Ana Sergueievna, que conversava mais com Bazarov, perguntou-lhe se acedia em jogar uma partida de cartas à moda antiga. Bazarov aceitou, dizendo que era útil para a sua futura carreira de esculápio de província.

— Cuidado — preveniu Ana Sergueievna. — Com Porfírio Platonitch havemos de vencê-lo. E você, Katia — disse à irmã — toque alguma coisa para Arcádio Nikolaievitch. Ele gosta muito de música e nós também apreciaremos.

Com pouca vontade, Kátia sentou-se ao piano. Arcádio, embora gostasse muito de música, seguiu-a de mau humor: parecia-lhe que a senhora Odintsov queria livrar-se de sua presença. No seu coração de moço já se percebia algo de vago e tormentoso, como um prenúncio do amor. Katia levantou a tampa do piano e, sem olhar para Arcádio, perguntou baixinho:

— Que quer que lhe toque?

— Qualquer coisa — respondeu-lhe desinteressadamente Arcádio.

— Que música aprecia mais? — repetiu Kátia sem mudar de posição.

— A música clássica — afirmou com indiferença Arcádio.

— Gosta de Mozart?

— Aprecio Mozart.

Katia executou a sonata-fantasia em si-bemol de Mozart. Tocava muito bem, embora um pouco secamente. Sem afastar os olhos das notas musicais e cerrando fortemente os lábios, ela permanecia firme e ereta. Somente ao terminar a sonata, o seu semblante se iluminou extraordinariamente. Uma pequena madeixa dos seus cabelos em desalinho se lhe espalhara pela fronte.

A última parte da sonata impressionou Arcádio. É um trecho em que, na alegria esfuziante e sincera da canção, surgem repentinamente notas de uma tristeza profunda e quase trágica... Seus pensamentos inspirados pelas harmonias de Mozart, não se dirigiam a Katia. Fitando-a, pensava apenas: "Toca bem esta senhorita e não deixa de ser simpática".

Terminada a sonata, Kátia, sem tirar as mãos do teclado, perguntou: "Basta?" Arcádio declarou que não; queria dar-lhe mais trabalho. Começou a falar sobre Mozart. Perguntou-lhe se ela, espontaneamente, tinha escolhido aquela sonata, ou se alguém lha recomendara. Kátia respondeu-lhe por monossílabos: *Ocultou-se* em si mesma. Sempre que tal lhe acontecia, permanecia por muito tempo em seu esconderijo íntimo.

Seu rosto tomou então uma expressão obstinada e imperturbável. Não era propriamente tímida, mas desconfiada e um tanto dominada pela irmã que a educou. Esta última de nada sabia. Arcádio terminou acariciando Fifi. Para disfarçar a situação, passara sorrindo, a mão pela cabeça do animal. Katia voltou às suas flores.

Bazarov perdia uma partida após outra. Ana Sergueievna jogava muito bem. Porfírio Platonitch, igualmente. Bazarov perdeu pouco e de boa vontade. À ceia, Ana Sergueievna recomeçou a palestra sobre a botânica.

— Vamos dar um passeio amanhã. Quero conhecer as denominações latinas das plantas silvestres e suas propriedades.

— Para que as denominações latinas? — interessou-se Bazarov.

— A ordem é indispensável em tudo — responde a senhora Odintsov.

— Que mulher admirável é Ana Sergueievna — exclamou Arcádio, quando ficou a sós com seu amigo, no aposento que lhes fora reservado.

— Sim — respondeu Bazarov. — Essa mulher pensa. Tem muita prática da vida.

— Em que sentido diz isso, Eugênio Vassilievitch?

— Nada afirmo de mal, Arcádio Nikolaievitch! Estou convencido de que ela sabe administrar otimamente sua fazenda. Mas a maravilha não é ela e sim sua irmã.

— Como? Aquela moreninha?

— Sim, aquela moreninha. Tem algo de delicado, virgem, tímido, silencioso e tudo o que quiser. Merece bem toda a atenção. Dela ainda se pode fazer o que bem se entenda. A outra já tem muita experiência.

Arcádio nada lhe respondeu. Cada um foi deitar-se com seus pensamentos.

Ana Sergueievna, na mesma tarde, pensava nos seus hóspedes. Bazarov agradara-lhe pela sua sinceridade e pela própria violência das suas opiniões. Uma pessoa como nunca conhecera. E era muito curiosa.

Ana Sergueievna não deixava de ser bastante original. Livre de quaisquer preconceitos, sem convicções firmes de espécie alguma, não cedia às opiniões alheias. Raramente freqüentava a sociedade. Via muita coisa com clareza, vários assuntos a preocupavam ou interessavam e nada a satisfazia. Aparentemente nem desejava uma satisfação completa. Sua inteligência era penetrante e fria. Suas dúvidas nunca se dissipavam completamente e nunca a agitavam de todo. Não fosse rica e independente, poderia atirar-se à luta, conhecer as paixões... Entretanto sua vida não oferecia dificuldades, conquanto se aborrecesse algumas vezes. Assim se passavam os dias calmos e com raras novidades.

A vida à vezes lhe parecia bela ante os olhos. Repousava quando as visões desapareciam, sem sentir este desaparecimento. A sua imaginação levava-a além dos limites daquilo que, pelas leis da moral comum, se considera permitido. Nesses momentos também o seu sangue circulava tranqüilamente no seu formoso corpo. Às vezes, saindo de um banho perfumado, toda quente e mole de prazer, punha-se a pensar nas misérias da vida, na desgraça, no trabalho e no mal... Sua alma enchia-se de coragem e de impulsos nobres. Bastava então eu soprasse o vento pela janela aberta, para que Ana Sergueievna se encolhesse toda, e quase se zangasse. Só lhe interessava então uma coisa: fazer cessar aquele vento desagradável e impertinente.

Como todas as mulheres que não amaram de verdade, ela não sabia o que desejava. Propriamente não queria coisa alguma, ms parecia-lhe que aspirava a muito. Suportara com dificuldade o falecido Odintsov (Casara-se com ele por interesse, embora fosse incapaz de consentir em ser sua esposa, se não o julgasse um homem de bem). Sentiu, a partir de então, uma secreta repulsa por todos os homens que lhe pareciam negligentes ou indolentes. Uma vez, no estrangeiro, conhecera um bem apessoado jovem sueco, de expressão cavalheiresca e olhos azuis e honestos iluminando a fronte alta. Produziu-lhe forte impressão, o que não a impediu de regressar à Rússia.

"É um homem curioso este esculápio!" pensava, recostada no seu esplêndido leito, sobre os travesseiros de rendas finas, debaixo de um cobertor de seda... Ana Sergueievna herdara do pai um certo gosto pelo luxo. Estimava muito seu bondoso e perdulário pai. Ele adorava-a. Tratava-a como igual, depositando nela absoluta confiança. Até lhe pedia conselhos. De sua mãe, quase não se lembrava.

"É curioso este esculápio!" repetiu de si para si. Espreguiçou-se, sorriu, cruzou as mãos à nuca. Passou depois os olhos pelas páginas de um romance francês, deixou cair o livro e adormeceu, virtuosa e fria, entre os lençóis limpos e perfumados da cama.

Na manhã seguinte, logo após o almoço, Ana Sergueievna saiu em companhia de Bazarov para uma excursão botânica, voltando pouco antes do jantar. Arcádio ficou em casa e passou uma hora com Katia. Não se aborrecia, porque ela mesma propôs que repetissem a sonata de ontem. E quando a senhora Odintsov voltou afinal do seu passeio, Arcádio sentiu seu coração confranger-se por instantes ao vê-la... Atravessava o jardim com o passo um tanto cansado. Suas faces estavam vermelhas e os olhos brilhavam-lhe extraordinariamente sob a aba de um chapéu de palha. Apalpava cuidadosamente a haste fina de uma flor silvestre. Uma leve mantilha cobria-lhe os cotovelos. As fitas cinzentas e largas do chapéu desciam-lhe até o peito. Bazarov seguia-a com segurança e desembaraço, como sempre. A expressão do seu rosto, embora alegre e até carinhosa, não agradou a Arcádio. Depois de lhe murmurar um "bom dia", Bazarov foi ter ao seu aposento. A senhora Odintsov apertou distraidamente a mão de Arcádio e deixou-o.

"Bom dia..." pensou Arcádio. "Porventura já não nos vimos hoje?"

CAPÍTULO XVII

Como se sabe, o tempo voa às vezes como a ave e às vezes se arrasta como o verme. O homem sente-se bem só, quando não percebe que as horas passam depressa ou devagar. Arcádio e Bazarov passaram assim quinze dias em casa da senhora Odintsov. Em parte essa demora contribuiu para a ordem que ela estabeleceu em sua residência e na própria vida. Conservava fielmente aquele sistema e fazia com que os outros o seguissem à risca. Tudo, no correr do dia, tinha suas horas fixas. Pela manhã, às oito horas em ponto, todos se reuniam para tomar chá. Após o chá, até à hora do almoço, cada um fazia o que bem entendesse, enquanto a dona da casa conversava com o administrador, com o mordomo e com a governante-chefe. Antes do jantar, novamente se reuniam para a leitura ou palestra. A tarde era consagrada aos passeios, ao jogo e à música. Às dez e meia, Ana Sergueievna retirava-se para o seu aposento, depois de ordenar o que se devia fazer no dia seguinte. E deitava-se. Bazarov não apreciava muito esta solene e bem medida pontualidade da vida quotidiana: "A gente vai andando como pelos trilhos" pensava ele. Os criados em libré e um maneiroso e empertigado mordomo lhe feriam os sentimentos democráticos. Achava que com aquele sistema deviam sentar-se à mesa segundo o estilo inglês: de fraque e gravata branca. Uma vez falou a respeito com Ana Sergueievna. Ela se conduzia de tal modo, que todos podiam livremente expressar-lhe a sua opinião. Depois de ouvi-lo, disse: "No seu ponto de vista o senhor tem razão. É provável que eu seja aristocrata. Mas no campo é impossível viver de outra maneira, do contrário a gente morre de tédio" e continuou a fazer tudo como antes.

Bazarov resmungava. Entretanto, ele e Arcádio passavam provavelmente tão bem na casa da senhora Odintsov só porque ali "tudo corria como pelo trilhos". Além disso, ambos mudaram muito desde os primeiros dias da sua permanência em Nikolskoie. Bazarov, a quem Ana Sergueievna evidentemente já estimava, ainda que poucas vezes concordasse com ele, começou a manifestar uma certa preocupação íntima desconhecida. Irritava-se facilmente, falava de má vontade. Sério e carrancudo, não podia ficar tranqüilo num lugar. Uma força estranha punha-o em movimento. Arcádio, por sua vez, convencido de que se apaixonara definitivamente pela senhora Odintsov, andava triste. Este estado de alma não lhe impediu que familiarizasse com Kátia.

Entre ambos até se estabeleceram carinhosas relações de amizade. "*Ela* não me aprecia! Que me importa!... Conheço um ser que não me despreza". Seu coração de novo experimentava a doçura dos sentimentos generosos. Katia compreendia vagamente que ele buscava uma espécie de conforto moral em sua companhia. Não lhe negava espontaneamente esse prazer inocente de uma amizade confiante e meio tímida. Na presença de Ana Sergueievna, não falavam. Katia sempre se encolhia sob o olhar atento da irmã. Arcádio, como convém a um homem apaixonado, em presença da pessoa amada, não prestava atenção a quem quer que fosse. Sentia-se muito bem só em companhia de Kátia. Intimamente reconhecia que não tinha forças ou era incapaz de interessar a senhora Odintsov. Acanhava-se de ficar a sós. Ela não sabia o que dizer-lhe: Arcádio era demasiado jovem. Ao contrário, em presença de Kátia, Arcádio sentia-se como se estivesse em casa. Tratava-a com certa superioridade, ouvia as impressões que lhe causava a música, a leitura de romances, versos e outras ninharias, mal percebendo, ignorando mesmo que essas banalidades o interessavam. Por sua vez, Kátia não lhe perturbava a tristeza. Arcádio dava-se bem com Kátia, e Bazarov com a senhora Odintsov. Por isso, sucedia não raro o seguinte: Ambos os pares, depois de algum tempo de palestra, iam cada um para seu lado, principalmente por ocasião dos passeios. Katia *adorava* a natureza e Arcádio também, embora não tivesse coragem de confessá-lo. A senhora Odintsov era indiferente à natureza e assim também Bazarov. A separação quase constante dos nossos amigos teve suas conseqüências: mudaram as suas relações. Bazarov nunca mais falou com Arcádio sobre a senhora Odintsov. Até deixou de criticar as suas atitudes aristocráticas. Elogiava Kátia, aconselhando-o tão-somente a refrear as suas tendências sentimentais. Seu elogios eram apressados, os conselhos áridos e, de um modo geral, conversava com Arcádio muito menos do que antes... parecendo evitá-lo ou envergonhar-se da sua companhia...

Arcádio notou-o, mas não disse uma palavra.

A causa real de toda essa "mudança" era o sentimento que a senhora Odintsov inspirara a Bazarov. É o que o atormentava e aborrecia. Renunciaria imediatamente a esse afeto com uma gargalhada sarcástica e ofensas cínicas, se alguém, ainda que por alto, lhe indicasse a possibilidade da realização daquilo que se passava no seu íntimo. Bazarov era um grande conhecedor das mulheres e da beleza feminina, mas o amor ideal ou romântico, como costumava qualificá-lo, considerava absurdo, imperdoável estupidez. Julgava o sentimento cavalheiresco uma espécie de aleijão ou moléstia. Muitas vezes expressou a sua sincera admiração dizendo: "Por que não me internaram na casa amarela de Toggenberg com todos os poetas e trovadores? Se te agrada uma mulher procure alguma coisa de útil; se não é possível, deixa-a, que a terra é muito grande". A senhora Odintsov agradava-lhe. Os comentários em torno da sua pessoa, a liberdade e seu modo independente de pensar, sua boa posição para com ele, tudo vinha em seu favor. Mas viu logo que nada conseguiria de "útil". Resolveu deixá-la, porém, com grande espanto seu, não era possível esquecê-la. O seu sangue tumultuava, só ao pensar nela. Poderia muito bem dominar a voz do coração. Entretanto, algo lhe impedia de evitar o que sempre censurara nos outros. Semelhante situação era um insulto ao seu amor-próprio. Nas palestras com Ana Sergueievna, ele, mais do que nunca, manifestava o seu desprezo por tudo o que é romantismo. Ficando a sós com ela, reconhecia com indignação que não passava de um romântico. Dirigia-se então ao bosque, explorando seus recessos, quebrando os galhos que lhe atravessavam o caminho e acusando-a, sem perdoar a si mesmo. Ou então entrava no depósito de feno, ou num paiol. Fechando os olhos, esforçava-se por dormir, o que nem sempre lhe acontecia. Às vezes, figurava-se-lhe possível que um dia seus braços fortes envolvessem o colo da mulher amada, e seus lábios irônicos respondessem aos seus beijos, os olhos inteligentes e cheios de ternura fitassem os seus e a cabeça se lhe pusesse a girar até que esquecesse tudo, e então sua indignação se manifestava de novo. Bazarov surpreendia-se em toda espécie de reflexões "vergonhosas". Parecia-lhe uma tentação do demônio. Julgava perceber por vezes que se processava qualquer mudança na pessoa da senhora Odintsov. Sua expressão revelava alguma coisa de incomum, que possivelmente... Ainda nesse caso, batia comumente o pé no chão, rangia os dentes e ameaçava a si mesmo.

Entretanto, Bazarov não se enganava completamente. Conseguira impressionar a imaginação da senhora Odintsov. Preocupava o seu pensamento. Ela pensava muito naquele "curioso esculápio". Aborrecia-se da sua ausência, fingia não esperá-lo, mas o seu aparecimento provocava em Ana Sergueievna uma visível emoção. De boa vontade permanecia a sós com Bazarov e mantinha a conversação, até mesmo nas ocasiões em que ele a aborrecia ou ridicularizava seus gostos e seus hábitos elegantes. Parecia experimentá-lo e conhecer-se a si mesma.

Um dia, passeando com a senhora Odintsov pelo jardim, declarou-lhe de repente e com tristeza que estava disposto a partir em breve para a casa de seu pai... Ela ficou pálida, com se alguma coisa tocasse dolorosamente seu coração, tão dolorosamente que depois, nunca deixou de pensar naquilo. Bazarov anunciou-lhe a sua partida não com a intenção de experimentá-la e sim para ver o resultado das suas palavras. Sempre tivera horror às "invenções" românticas. É que pela manhã do mesmo dia encontrou o administrador do seu pai, seu ex-pagem Timofeievitch. Este Timofeievitch, velho esperto e maltratado, de cabelos pardos, cara vermelha e lágrimas minúsculas nos cantos dos olhos cercados de rugas, surgiu inesperadamente diante de Bazarov, trajando um capote de tecido grosseiro de cor cinzento-azul e tendo um pedaço de couro por cinta e botas engraxadas de pixe.

— Olá, bom dia meu velho! — exclamou Bazarov.

— Bom dia, meu querido senhor Eugênio Vassilievitch — respondeu o velho com um largo sorriso, enquanto sua face se enrugava.

— Por que veio? Mandaram buscar-me?

— Não, meu senhor, que idéia! — disse confuso Timofeievitch, porque se lembrara de uma ordem severa do seu velho senhor, à hora da partida. — Vou à cidade por ordem do meu amo. Ouvi dizer que o senhor estava aqui e resolvi passar por esta fazenda, para vê-lo... Não me atrevo a incomodar Vossa Mercê.

— Não minta, velho — interrompeu-o Bazarov. — O caminho para a cidade passa muito longe daqui. — Timofeievitch, atrapalhado, nada respondeu. — Meu pai está bom?

— Graças a Deus.

— E minha mãe?

— Arina Vassilievna também está boa. Deus a conserve por muitos anos.

— Esperam-me naturalmente!

O velhinho baixou um pouco a sua minúscula cabeça.

— Eugênio Vassilievitch, eles o esperam ansiosamente! Juro por Deus: os seus pais estão morrendo de saudades.

— Está bem, não se expanda muito. Diga-lhes que logo irei visitá-los.

— Obedeço — respondeu suspirando Timofeievitch.

Ao partir, endireitou com ambas as mãos o seu boné, subiu à boléia dum carro humilde que se achava junto ao portão e saiu a trote num direção que não era a da cidade.

À tarde do mesmo dia, a senhora Odintsov estava em companhia de Bazarov, enquanto Arcádio se achava no salão, ouvindo a música de Katia. A princesa recolheu-se ao seu aposento no andar superior. Não tolerava os hóspedes, chamando-lhes "maltrapilhos modernos". Na sua presença ainda disfarçava o mau humor. Em compensação, no seu quarto, descarregava toda a raiva na pessoa da criada. Gritava tanto, que a touca lhe dançava na cabeça. A senhora Odintsov estava a par de todas essas cenas.

— Então os senhores vão partir — disse ela. — Lembram-se do que prometeram?

Bazarov estremeceu.

— Que promessa lhe fizemos?

— Já se esqueceu? Prometeu-me dar algumas lições de química.

— Que se vai fazer! Meu pai espera-me. Não posso demorar-me. Recomendo-lhe, porém, a leitura de *Notions générales de Chimie* de Pelouse e Frému. É um bom livro, escrito em linguagem clara. Encontrará ali tudo quanto precisa.

— Lembra-se que me dizia que o livro por si só não pode substituir.... não me recordo como se expressou, mas sabe o que quero dizer... Lembra-se?

— Que vou fazer! — repetiu Bazarov.

— Por que partem? — disse a senhora Odintsov, baixando a voz.

Bazarov observou-a por alguns instantes. Ela estava reclinada no espaldar da poltrona, de mãos cruzadas no peito e nuas até aos cotovelos. Parecia-lhe mais pálida à luz de um único lampeão com um quebra-luz de papel em forma de rede. Seu amplo vestido branco a cobria toda com suas dobras suaves. Mal se lhe viam as pontinhas dos pés, também cruzados.

— E por que havemos de ficar? — respondeu Bazarov.

A senhora Odintsov voltou-lhe de leve a face.

— Como por que? Acaso não se sentem bem aqui? Ou pensa porventura que ninguém aqui terá saudades?

— Estou mais do que certo disso.

A senhora Odintsov calou-se.

— Não tem razão de pensar assim. Contudo, não creio. Não podia afirmá-lo seriamente.

Bazarov continuou imóvel.

— Eugênio Vassilievitch, por que não diz nada?

— Dizer o que? Não convém ter pena dos homens em geral, e de mim principalmente.

— Por que?

— Sou um homem positivo e desinteressante. Nem sei conversar.

— Parece que pretende ouvir um elogio da minha parte, Eugênio Vassilievitch.

— Não estou habituado a tal. Não sabe que me é inacessível o lado da vida que lhe é tão caro?

A senhora Odintsov mordeu as pontas do lenço.

— Pense o que quiser, mas ficarei triste quando partirem.

— Arcádio fica — observou Bazarov.

A senhora Odintsov mexeu levemente um dos ombros.

— Ficarei triste — repetiu.

— Triste? Acho que por pouco tempo apenas.

— Por que o diz assim?

— Porque me baseio nas suas próprias palavras: Só sinto tédio quando se modifica a ordem aqui reinante. Organizou tão impecavelmente a sua vida, que não há aqui lugar para a tristeza, o tédio, a saudade... e outros sentimentos penosos.

— Acha que sou infalível... isto é, que organizei bem a minha vida?

— E como! Por exemplo: daqui a alguns minutos sei que serão dez horas e sei também que me expulsará da sua presença.

— Não, não o expulsarei, Eugênio Vassilievitch. Pode ficar. Abra essa janela... Sinto falta de ar.

Bazarov ergueu-se e encostou a mão à vidraça. A janela abriu-se logo com estrondo... Não esperava que fosse tão fácil. Suas mãos tremiam. A treva aveludada da noite encheu a janela, revelando um céu quase negro, os vultos farfalhantes das árvores e o cheiro fresco, livre e puro do ar.

— Desça a cortina e sente-se — disse a senhora Odintsov. — Quero conversar com o senhor antes da sua partida. Diga-me qualquer coisa sobre a sua pessoa. Nunca fala sobre si mesmo.

— Costumo conversar sobre os assuntos úteis, Ana Sergueievna.

— É muito modesto... Queria saber alguma coisa sobre o senhor, sobre a sua família e sobre o seu pai, por quem nos abandona.

"A que propósito diz tudo isto?" pensou Bazarov.

— Seria pouco interessante — disse ele em voz alta. — Principalmente para a senhora. Somos gente tão atrasada...

— Segundo seu modo de ver, sou então uma aristocrata?

Bazarov olhou significativamente para a senhora Odintsov.

— É verdade — pronunciou com excessiva rispidez.

Ela sorriu.

— Vejo que me conhece muito pouco, embora afirme que todos os seres humanos se parecem uns aos outros e não merecem estudo. Um dia contar-lhe, ei a minha vida... Antes, porém, queria que me contasse a sua.

— Conheço-a muito pouco — repetiu Bazarov. — Pode ser que tenha razão. É possível que todo homem seja um enigma. A senhora, por exemplo: evita a sociedade, não a tolera e convidou para a sua casa dois estudantes. Por que vive no campo com sua inteligência e sua beleza?

— Como? Que disse? — interrompeu vivamente a senhora Odintsov. — Com a minha... beleza?

Bazarov ficou sério.

— É a mesma coisa — murmurou ele — queria dizer que não compreendo bem porque vive no campo.

— Não compreende... e explica o fato de qualquer modo?

— Sim... suponho que fica sempre aqui porque é caprichosa, porque gosta muito do conforto, de todas as comodidades e é indiferente ao resto.

A senhora Odintsov sorriu de novo.

— Decididamente não quer admitir que eu seja capaz de apaixonar-me?

Bazarov fixou-a, de cenho carregado.

— Apaixonar-se por curiosidade, admito. De outro modo, não.

— Com efeito! Agora compreendo porque nos conhecemos: tem muita coisa de comum comigo.

— Nós nos conhecemos... — proferiu surdamente Bazarov.

— Ora!... E me esqueci de que os senhores vão partir.

Bazarov ergueu-se. O lampeão iluminava fracamente a sala escura, perfumada e confortável. Através da cortina que se balançava levemente vinha a excitante frescura da noite, ouvia-se o seu misterioso murmúrio. A senhora Odintsov não se movia e uma comoção íntima se apossava dela pouco a pouco... Esse sentimento comunicou-se também a Bazarov. Percebeu de repente que estava a sós com uma mulher jovem e bela...

— Onde vai? — interpelou lentamente ela.

Bazarov nada respondeu e acomodou-se na poltrona.

— Então me considera um ser frio, caprichoso e mimado — continuou no mesmo tom de voz, sem tirar os olhos da janela. — E no entanto sou muito infeliz.

— Infeliz! Por que? Dá tanta importância aos mexericos da cidade?

A senhora Odintsov franziu a testa. Ficou aborrecida porque a entendeu *assim*.

— Esses mexericos nem chegam a divertir-me, Eugênio Vassilievitch. Sou muito orgulhosa para permitir que me incomodem. Sou infeliz porque... porque não tenho vontade de viver. Olha-me como se pensasse: fala uma aristocrata vestida de rendas e sentada numa poltrona de veludo. Não nego: gosto daquilo que se chama de conforto e ao mesmo tempo tenho pouca vontade de viver. Resolva essa contradição, como bem o entender. Mas, segundo sua opinião, tudo isso não passa de romantismo.

Bazarov moveu a cabeça em tom de dúvida.

— Goza de saúde, é independente e rica. Que mais ainda? Que deseja mais?

— Que desejo? — repetiu a senhora Odintsov suspirando. — Estou cansada. Envelheci e parece-me que vivo muitos anos. Envelheci — acrescentou puxando devagar a mantilha sobre os seus braços nus. Seus olhos encontraram-se com os olhos de Bazarov. Corou de leve. — Tenho também muitas reminiscências: a vida na capital, a riqueza, depois a miséria, a morte de meu pai, o casamento, em seguida a viagem ao estrangeiro, tudo de acordo... Tenho tantas recordações e de nada quero recordar-me. Diante de mim vejo um caminho longo, muito longo e sem objetivo algum... Não tenho vontade de trilhá-lo.

— Será uma desilusão completa? — perguntou Bazarov.

— Não — replicou pausadamente a senhora Odintsov. — Não estou satisfeita. Parece-me que se pudesse afeiçoar-me fortemente a alguma coisa...

— O que quer é apaixonar-se por alguém — interrompeu-a Bazarov. — Quer e não pode, eis a sua infelicidade.

A senhora Odintsov começou a examinar a sua mantilha.

— Será que não posso amar alguém? — disse.

— É difícil! Chamei por engano de infelicidade semelhante situação. Ao contrário, só é infeliz aquela que se apaixona.

— Quem se apaixona?

— Sim, aquele que se apaixona por uma mulher.

— É experiência própria?

— Sei por ouvir dizer — respondeu rispidamente Bazarov.

"É muito faceira — pensou — aborrece-me e provoca-me, porque nada mais tem que fazer, e eu..." Estava de fato profundamente impressionado.

— Além disso, pode ser demasiado exigente — disse ele inclinando-se e tocando o forro da poltrona

— É possível. Ou tudo ou nada. É uma vida por outra vida. Apossou-se da minha, entregue-me a sua sem arrependimento e para sempre. De outro modo não serve.

— Bem! — foi a resposta de Bazarov. — É uma condição justa. Admiro-me de como, até agora... não encontrou o que deseja.

— Pensa que é muito fácil dedicar-se de corpo e alma a qualquer coisa?

— Não é fácil, se a gente começa a refletir e esperar, assim como valorizar-se ou vender-se caro. Sem pensar, é muito simples entregar-se.

— Deixar de valorizar a sua própria personalidade? E se não tenho mais valor algum, de que vale a minha dedicação?

— Não me cabe sabê-lo. Compete a outrem determinar o meu valor. O essencial é saber sacrificar-se.

A senhora Odintsov mudou de posição na sua poltrona.

— Fala como se tivesse experimentado tudo pessoalmente.

— Palavra arrasta palavra, Ana Sergueievna. Sabe perfeitamente que isso não faz parte da minha especialidade.

— Seria capaz de sacrificar-se?

— Não sei. Não costumo vangloriar-me.

A senhora Odintsov nada mais disse e Bazarov calou-se. As notas do piano chegaram aos seus ouvidos da sala de visitas.

— Não sei porque Kátia está tocando tão tarde — observou a senhora Odintsov.

Bazarov ergueu-se de novo.

— É muito tarde, de fato. Já é tempo que se recolha.

— Espere, não há pressa.. Quero dizer-lhe ainda uma palavra.

— Que palavra?

— Espere — murmurou a senhora Odintsov. Seus olhos se fixaram em Bazarov. Parecia examiná-lo com atenção.

Bazarov deu alguns passos pelo salão, aproximou-se de repente dela, disse-lhe um apressado "adeus", apertou-lhe fortemente a mão, fazendo-a quase gritar de dor e saiu. Ela levou seus dedos apertados aos lábios, soprou-os e levantando-se da poltrona em que se achava, dirigiu-se precipitadamente à porta, como que para gritar a Bazarov que voltasse... A criada entrou nesse momento no salão com um frasco de cristal sobre a bandeja de prata. A senhora Odintsov dominou o seu gesto, mandou que a criada se retirasse, e sentou-se de novo, pensativa. A trança em desalinho caiu-lhe sobre o ombro como uma serpente negra.

A lâmpada ficou ainda acesa por muito tempo no quarto de dormir de Ana Sergueievna. A senhora Odintsov permaneceu horas e horas imóvel, apenas passando às vezes os dedos pelos braços arrepiados pelo frio da noite.

Bazarov, duas horas depois, veio ao seu aposento com as botas úmidas de orvalho, desalinhado e sombrio. Encontrou Arcádio junto à mesa de trabalho, com um livro na mão e paletó completamente abotoado.

— Ainda não se deitou? — disse aparentando aborrecimento.

— Você hoje conversou muito com Ana Sergueievna — limitou-se a dizer Arcádio, sem responder-lhe à pergunta.

— Passei o tempo, durante o qual você e Kátia estavam ao piano.

— Não toquei piano... — mal tinha começado Arcádio e calou-se.

Sentia as lágrimas que lhe vinham aos olhos e não quis chorar na presença do seu sarcástico amigo.

CAPÍTULO XVIII

No dia seguinte, quando a senhora Odintsov apareceu para tomar chá, Bazarov por muito tempo esteve inclinado sobre a sua chávena, antes de olhar para a dona da casa... Ela fitou-o, como se Bazarov assim o exigisse. Pareceu-lhe que tinha empalidecido muito durante a noite. Recolheu-se ao seu aposento e apareceu somente à hora do almoço. Pela manhã, o tempo era chuvoso e impedia qualquer passeio. Todos se reuniram na sala de visitas. Arcádio tomou um número atrasado de revista e começou a ler. A princesa mostrou-se primeiramente admirada, esperando algo de escabroso, dirigindo-lhe em seguida seu olhar cheio de ódio. Arcádio continuou lendo, sem lhe prestar a mínima atenção.

— Eugênio Vassilievitch — suplicou Ana Sargueievna — quero falhar-lhe... Perguntar-lhe uma coisa... Recomendou-me ontem um tratado... — Levantou-se e foi à porta. A princesa olhou em redor com uma expressão que parecia dizer: "Vejam só. Estou apavorada!" Examinou novamente Arcádio, como se solicitasse o seu apoio. Sentado ao lado de Kátia, Arcádio levantou a voz e continuou a leitura.

A senhora Odintsov dirigiu-se rapidamente ao seu gabinete de trabalho. Bazarov acompanhou-a obediente, sem levantar seus olhos. Seguia o frufru suave de um vestido de seda. A senhora Odintsov, ocupou a mesma poltrona da véspera. Bazarov também.

— Como se chama o compêndio que me indicou? — disse Ana Sergueievna interrompendo o incômodo silêncio.

— *Notions générales de chimie* de Pelouse et Frémy — foi dizendo Bazarov. — Aconselho também o *Traité Élémentaire de Physique Experimentale* de Ganot. Neste livro as figuras são muito instrutivas. Pode-se aprender pelas ilustrações.

A senhora Odintsov estendeu sua mão alva.

— Eugênio Vassilievitch, perdoe se o chamei. Fi-lo não para discutir sobre os compêndios escolares. Queria renovar a palestra de ontem. Conversação de despedida... Não ficará triste?

— Às suas ordens, Ana Sergueievna. Interessa-me saber de que falávamos ontem.

A senhora Odintsov acompanhou com o olhar Bazarov.

— Parece que conversamos ontem sobre a felicidade. Disse-lhe qualquer coisa sobre mim mesma. Vem agora a propósito a palavra "felicidade". Por que, até quando sentimos um prazer, por exemplo com a música, uma linda tarde, a palestra com uma pessoa simpática, por que tudo isso nos parece sem pretexto para a felicidade sem fim e existente em qualquer parte: mais um pretexto do que a verdadeira ventura que trazemos em nós? Por que? Ou possivelmente nada sente?

— Conhece o provérbio russo: "Vive-se bem onde não estamos"? — respondeu Bazarov. — Disse-me ontem que não se sente satisfeita. Na verdade, nunca penso em semelhantes coisas.

— Pode ser que lhe pareçam ridículas?

— Não. Essas idéias não me vêm à mente.

— Realmente. Sabe que eu desejaria conhecer os seus pensamentos?

— Como? Não a compreendo.

— Ouça-me. Há muito queria explicar-me com o senhor. Nada tem a dizer, sabe-o, perfeitamente, porque não é um homem comum. É moço e tem toda a vida diante de si. Para que se prepara?

Que futuro o espera? Quero saber que objetivo tem em vista, que caminho trilha na vida, que sente no íntimo da sua alma? Em poucas palavras: quem é o senhor?

— Surpreende-me, Ana Sergueievna. Já sabe que estudo as ciências naturais e, quem sou...

— Sim, quem é?

— Já tive ocasião de informá-la que sou o futuro médico de província.

Ana Sergueievna fez um gesto de impaciência.

— Por que diz isso? Nem o senhor mesmo acredita no que diz. Arcádio poderia responder assim e não o senhor.

— Em que Arcádio é...

— Basta! É possível que se satisfaça com tão modesta atividade, se afirma sempre que a medicina não existe? Com o seu amor-próprio, um médico de província! Um esculápio do campo! Responde-me, como se quisesses evitar a minha parlapatice, porque não deposita nenhuma confiança em mim. Sabe Eugênio Vassilievitch, que eu poderia compreendê-lo bem. Já fui pobre e egoísta como o senhor. Suportei possivelmente as mesmas tormentosas provas que suportou na sua vida.

— Tudo isso está muito bem, Ana Sergueievna, mas perdoe-me... não aprecio as confissões e medeia tão grande distância entre nós...

— Que distância? Vai dizer novamente que sou aristocrata? Basta, Eugênio Vassilievitch. Parece que lhe provei já...

— Além disso — interrompeu Bazarov — que extravagante vontade é essa de falar e pensar no futuro que, na maioria das vezes não depende de nós? Se por acaso tivermos de fazer alguma coisa, está bem; se não, bastar-nos-à o prazer de não termos falado à toa.

— Chama uma palestra de amigos de conversa à toa... ou, porventura, me considera uma mulher indigna de sua confiança?

— Não a desprezo, Ana Sergueievna, como bem deve saber.

— Não sei... Suponhamos que compreendo a pouca disposição de falar sobe a sua futura atividade. Mas o que nesse momento se passa com o senhor...

— O que se passa comigo! — repetiu Bazarov. — Como se eu fosse um Estado ou sociedade! Em todo caso, o assunto deixa de ser interessante. Além disso, pode um homem sempre dizer bem alto o que "se passa" com ele?

— Não vejo porque não podemos dizer o que temos na alma.
— *A senhora* pode? — perguntou Bazarov.
— Posso — respondeu Ana Sergueievna depois de breve hesitação.
— É mais feliz do que eu.
Ana Sergueievna olhou-o interrogativamente.
— Como quiser — continuou — alguma coisa, porém, me diz que nos encontramos a propósito, que seremos futuramente bons amigos. Estou certa de que essa sua, por assim dizer, impenetrabilidade e avareza de expressão hão de desaparecer afinal.
— Percebeu em mim a avareza de expressão... como disse... impenetrabilidade?
— Sim.
Bazarov ergueu-se a aproximou-se da janela.
— Queria saber a causa do que se passa em mim?
— Sim — repetiu a senhora Odintsov com um espanto ainda desconhecido.
— Não se zangará?
— Não.
— Não? — repetiu Bazarov, que estava em pé de costas para ela, e prosseguiu: — Saiba então que a amo idiotamente, doidamente... Acho que está satisfeita agora.

A senhora Odintsov ergueu os braços. Bazarov encostou a testa no vidro da janela. Sufocava. Todo o seu corpo visivelmente tremia. Não era o tremor da timidez de moço; era o amargo terror da primeira confissão que o dominou. Era paixão que se debatia nele, forte e dolorosa, a paixão semelhante ao ódio e provavelmente irmã deste último... A senhora Odintsov teve medo de Bazarov.

— Eugênio Vassilievitch — e na sua voz vibrava uma ternura involuntária.

Ele voltou-se rapidamente com um olhar que parecia devorá-la. Agarrando ambas as suas mãos, apertou-a de encontro ao peito...

Ela se libertou logo do seu abraço. Momentos depois, colocou-se num canto distante e de lá contemplava Bazarov. Ele foi rapidamente em sua direção...

— O senhor não me compreendeu — murmurou com crescente susto. Parecia que se Bazarov desse mais um passo, gritaria por socorro...

Ele mordeu os lábios e saiu.

Meia hora depois, a criada entregou a Ana Sergueievna um bilhete. Continha somente as seguintes palavras: "Devo partir hoje ou ficar até amanhã?"

"Para que partir? Não o compreendia nem o senhor me compreendeu" respondeu-lhe Ana Sergueievna e pensou consigo mesma: "Nem eu me compreendia".

Ela não apareceu até à hora do jantar, andando pelo seu quarto com as mãos às costas e parando às vezes ora em frente à janela, ora diante do espelho. Passava um lenço pela nuca onde lhe parecia haver uma mancha quente. Indagava a si mesma: o que a teria obrigado a satisfazer sua curiosidade, como dizia Bazarov, a exigir sua franqueza? Havia em tudo isso alguma coisa?... "Eu é que tenho culpa — disse alto. — Não podia prever as conseqüências". Refletia e corava, lembrando-se da catadura quase feroz de Bazarov, quando se atirou a ela...

"Será possível?" proferiu de repente, parando e sacudindo os cabelos... Viu-se no espelho. Sua fronte soberba, com um sorriso misterioso nos olhos semicerrados e nos lábios, traduzia nesse instante algo que a impressionou...

"Não! — disse resolutamente afinal — Deus sabe o que poderia resultar. Com isso não se brinca. A tranqüilidade é ainda a melhor coisa deste mundo".

A sua calma continuou imperturbável. Chegou, porém, a chorar uma vez sem saber porque. Não foi evidentemente por motivo de qualquer ofensa. Não se sentia ofendida e sim culpada. Sob a influência de diversas sensações vagas, da certeza da vida que passa, do desejo de novidade, aproximou-se mentalmente de um certo limite para ver o que havia além. E além não viu o abismo e sim o vácuo... a indecência!

CAPÍTULO XIX

Por maior domínio que a senhora Odintsov tivesse sobre si, acima de quaisquer preconceitos, foi com certo embaraço que apareceu para o jantar. O jantar decorreu sem novidade. Porfírio Platonitch estava presente e contava anedotas. Acabava de chegar da cidade. Disse, entre outras coisas, que o governador "Bourdaloue", ordenara aos seus subalternos especiais o uso das esporas para qualquer missão apressada a ser feita a cavalo. Arcádio conversava em voz baixa com Kátia e diplomaticamente atendia à princesa. Bazarov estava triste e silencioso. Por duas vezes a senhora Odintsov olhou-o sem disfarce. Vendo-lhe o rosto severo, bilioso, os olhos baixos e impressão decidida de desprezo em cada traço, pensou: "Não... não... não..." Depois do jantar todos se dirigiram ao jardim. Percebendo que Bazarov desejava conversar com ela, afastou-se alguns passos e parou. Ele aproximou-se e, sem levantar os olhos, disse roucamente.

— Devo pedir-lhe desculpas, Ana Sergueievna. Não pode zangar-se comigo.

— Não estou zangada, Eugênio Vassilievich — respondeu a senhora Odintsov. — Estou aborrecida.

— Pior ainda. Em todo caso, recebi um bom castigo. Deve concordar em que a minha situação atual é a mais idiota possível. Escreveu-me: "Para que partir?" Não posso, nem quero ficar aqui. Amanhã partirei.

— Eugênio Vassilievitch, por que...

— Por que me vou?

— Não, não queria dizer isso.

— O passado não volta, Ana Sergueievna... Mais cedo ou mais tarde devia acontecer. Por isso, é indispensável que vá embora. Só admito uma condição para poder ficar, mas é impossível. Perdoe minha ousadia: não me ama nem amará nunca?

Os olhos de Bazarov brilharam por momentos.

Ana Sergueievna nada lhe respondeu. "Tenho medo deste homem" — passou-lhe pela mente.

— Adeus — disse Bazarov, parecendo adivinhar o seu pensamento, e dirigiu-se para a casa.

Ana Sergueievna seguiu-o devagar. Chamando Kátia, tomou-a pelo braço. Não se separou dela até à tarde. Não foi jogar cartas. Sorria freqüentemente, o que não lhe ia bem ao semblante pálido e confuso. Arcádio de nada sabia, embora desconfiasse de alguma coisa. Observava-a como observam os jovens, isto é, interrogando-se constantemente: Que significa isso? Bazarov fechou-se no seu aposento, mas veio tomar chá. Ana Sergueievna quis dizer-lhe uma palavra de conforto, mas não soube como encetar a conversação.

Um acontecimento inesperado pôs termo a esta situação difícil: o mordomo anunciou a chegada de Sitnikov.

É difícil expressar em palavras a maneira movimentada e rumorosa com que entrou na sala o jovem progressista. Teimoso como era, tendo resolvido visitar uma senhora que mal conhecia e que nunca o convidara, mas que recebia em sua casa conforme lhe disseram, homens inteligentes e seus conhecidos, tinha muito medo nesse momento e se sentia atrapalhado. Em vez de saudações e desculpas previamente decoradas, disse uma tolice mais ou menos assim: Eudóxia Kukchine mandou saber como passa Ana Sergueievna de quem Arcádio Nikolaievitch sempre lhe falou muito bem... Aqui se calou e ficou tão atrapalhado, que se sentou no próprio chapéu. Entretanto, como ninguém tentasse expulsá-lo e Ana Sergueievna até o apresentou à tia e à irmã, retomou logo o domínio de si mesmo e foi tagarelando por mil. O aparecimento da futilidade costuma ser às vezes útil na vida: afrouxa as cordas demasiado tensas e arrefece os sentimentos muito fortes e duradouros ou passageiros, lembrando-lhes o estreito parentesco existente entre ambos. Com a chegada de Sitnikov tudo ficou mais banal, vazio e simples. Todos cearam com mais apetite e foram dormir meia hora antes do costume.

— Posso agora repetir-lhe o que me perguntou uma vez — dizia já deitado, Arcádio a Bazarov, que também se achava despido: — Por que está triste? Cumpriu bem algum sagrado dever? — Entre ambos os rapazes, desde algum tempo se estabeleceram um trato recíproco de falso desembaraço e ironia, o que significa sempre desgosto íntimo ou suspeitas ainda não confirmadas.

— Amanhã vou para casa de meu pai — disse Bazarov.

Arcádio ergueu-se um pouco e apoiou-se ao cotovelo. Ficou admirado e alegre ao mesmo tempo.

—Bem — disse. — E está triste por causa disso?

Bazarov bocejou.

— Quem muito sabe, envelhece depressa.

— E Ana Sergueievna? — continuou Arcádio.

— Que vem a ser no caso Ana Sergueievna?

— Quero saber uma coisa: deixá-lo-á partir?

— Não sou seu empregado.

Arcádio ficou pensativo. Bazarov deitou-se, voltando-se para a parede.

Passaram alguns minutos de silêncio.

— Eugênio! — exclamou de repente Arcádio.

— Que quer?

— Amanhã vamos juntos.

Bazarov nada lhe respondeu.

— É que vou para casa — explicou Arcádio. — Iremos juntos até Tchochlovsk. Ali arranjaremos condução com Fedot. Teria muito prazer em conhecer seus pais, mas receio importuná-los. Virá de novo visitar-nos?

— Deixei meus objetos em sua casa — respondeu Bazarov sem se voltar.

"Por que não quer saber o motivo da minha partida? Não resolvi partir de um momento para outro como ele?" — pensou Arcádio.

— "Por que me vou e por que parte Bazarov?" — continuava nas suas reflexões. Não podia responder satisfatoriamente à sua própria pergunta. Seu coração, ao mesmo tempo, se enchia de qualquer coisa de cáustico. Percebia que lhe era difícil abandonar essa vida a que tanto se habituara. Mas seria importuno, se ficasse sozinho. "Alguma coisa houve entre eles — prosseguiu. — Por que hei de ficar aqui, depois da sua partida? Aborrecê-la-ei definitivamente. Acabarei perdendo o que tenho". Pensou em Ana Sergueievna e pouco a pouco outra imagem substituiu o formoso semblante da bela viúva.

"Custa-me abandonar Kátia!" — disse baixinho Arcádio, como se falasse com o travesseiro, sobre o qual caiu uma lágrima... Repentinamente, sacudindo os cabelos, disse em voz alta:

— Com que propósito veio esse idiota Sitnikov?

Bazarov mexeu-se primeiramente na cama e depois disse:

— Vejo, meu caro, que é tolo. A gente como Sitnikov é-nos indispensável. Compreenda que esses imbecis são necessários, para mim principalmente.

"Parece que estou percebendo!..." pensou Arcádio, diante de quem só agora e por um instante se abriu o imenso báratro do egoísmo de Bazarov. "Seremos deuses porventura? Acho que deus é você e eu? Não serei imbecil?

— Sim, é tolo ainda — repetiu tristemente Bazarov.

A senhora Odintsov não se mostrou admirada quando, no dia seguinte, Arcádio lhe disse que partia com Bazarov. Estava distraída e fatigada. Kátia olhou-o seriamente, em silêncio. A princesa fez até o sinal da cruz debaixo do seu xale, sem que o percebessem. Mas Sitnikov ficou completamente e atarantado. Saiu para o almoço trajando uma roupa nova, elegante e desta vez não eslavófila. Na véspera impressionara o servo destacado para servi-lo pela grande quantidade de roupa que trouxera consigo. E agora seus amigos o abandonavam! Depois de andar um pouco, preso de agitação, como uma lebre perseguida pelos caçadores, com espanto de si mesmo e quase aos gritos, declarou que também estava disposto a partir. A senhora Odintsov não tentou dissuadi-lo do seu propósito.

— Tenho um carro bastante confortável — acrescentou o infeliz dirigindo-se a Arcádio. — Pode ocupá-lo, enquanto Eugênio Vassilievitch tomará o seu. Assim será mais cômodo para todos.

— Ora, Sitnikov, o seu caminho é diverso do nosso. Moro longe.

— Não tem importância. Tenho muito tempo à minha disposição e, além disso, por aquelas bandas, tenho um negócio.

— Negócio de hipotecas? — perguntou Arcádio com ironia.

Sitnikov, que se achava desesperado, nem chegou a sorrir em resposta.

— Garanto-lhe que o meu carro oferece todo o conforto. Há lugar para todos — disse.

— Aceitem o oferecimento do senhor Sitnikov — disse Ana Sergueievna...

Arcádio olhou-a, e baixou significativamente a cabeça.

Os hóspedes partiram depois do almoço. Despedindo-se de Bazarov, a senhora Odintsov ofereceu-lhe a mão:

— Espero que ainda nos veremos.

— Como quiser — respondeu Bazarov.

— Nesse caso haveremos de nos ver.

Arcádio saiu primeiro. Ocupou um lugar no carro de Sitnikov. O mordomo auxiliou-o respeitosamente a subir. Arcádio tinha vontade de dar-lhe uma bofetada ou chorar. Bazarov acomodou-se no outro carro. Chegando a Tchochlovsk, Arcádio teve de esperar até que Fedot, dono da hospedaria, lhe preparasse a condução. Chegando-se para Bazarov, disse-lhe com um sorriso:

— Eugênio, vou também. Quero conhecer os seus.

— Vamos — disse por entre dentes Bazarov.

Sitnikov, que andava assobiando alegremente em torno do seu carro, abriu a boca de espanto ao ouvir estas palavras. Arcádio tirou calmamente os objetos do seu carro e ocupou um lugar ao lado de Bazarov. Após uma reverência ao seu ex-companheiro de viagem, gritou: — "Vamos!" Em pouco tempo desapareceram... Sitnikov, completamente aturdido, olhou o seu cocheiro que brincava com um dos animais. Em seguida entrou no carro, berrando para os dois *mujiks* que passavam: "Ponham os chapéus, idiotas!" e dirigiu-se para a cidade, onde chegou muito tarde. No dia seguinte, em casa da senhora Kukchine, manifestou rumorosamente toda a sua cólera contra os "indecentes, soberbos e mal educados". Ocupando lugar no carro de Bazarov, Arcádio apertou-lhe fortemente a mão. Durante muito tempo não disse palavra. Parecia que Bazarov apreciara aquele aperto de mão e aquele silêncio. Não tinha conseguido dormir na noite anterior. Não fumava e quase não comia já há vários dias. Via-se nitidamente o seu triste perfil abatido, sob o boné enterrado na cabeça.

— Dê-me um cigarro — disse afinal. Tenho a língua suja?

— Amarela — respondeu Arcádio.

— É natural... nem o cigarro me agrada. A máquina precisa de conserto.

— Mudou muito ultimamente — observou Arcádio.

— Não tem importância. Ficarei bom logo. Tenho pena de uma coisa: minha mãe é muito impressionável. Se a gente não tiver barriga grande e não comer dez vezes por dia, ela sofre muito. Meu pai é diferente. Já andou também por este mundo de Deus. Decididamente, não tenho vontade de fumar — acrescentou, atirando o cigarro à estrada.

— Até a sua casa temos uns vinte e cinco quilômetros, não é? — indagou Arcádio.

— Vinte e cinco. Pergunte a esse sabichão — disse, indicando o cocheiro empregado de Fedot.

Mas o "sabichão" respondeu apenas: "Não sei. Os quilômetros aqui não são marcados" e continuou a ralhar a meia voz com o animal do meio, porque sacudia a todo momento a cabeça.

— Eis aí, meu caro, uma boa lição para você e um exemplo útil — disse Bazarov. Que absurdo! Todo homem pende de um fio, o abismo pode abrir-se a cada instante e ele ainda prepara para si um mundo de coisas desagradáveis e estraga toda a sua vida.

— A que se refere? — perguntou Arcádio.

— Não me refiro particularmente a coisa alguma. Digo-lhe sem mais rodeios que ambos nos comportamos como idiotas. Não vale a pena discutir essa questão! Tenho experiência da minha clínica: quem tem ódio da sua dor acaba infalivelmente por vencê-la.

— Não entendo — disse Arcádio. Não tem de que se queixar.

— Se não me entende, ouça: na minha opinião, é melhor quebrar as pedras na rua do que permitir que uma mulher lhe domine a pontinha do dedo. Aí está... Tudo isso é.... (Bazarov quase proferiu o seu termo predileto: "romantismo"). Conteve-se, e disse apenas — asneira. — Não me acreditará, e eu lhe digo: ambos caímos numa sociedade de mulheres e nos sentimos bem. Abandonar semelhante sociedade é o mesmo que tomar um banho de água gelada num dia de calor. O homem nunca deve ocupar-se de semelhantes ninharias. Deve ser feroz, como diz um ótimo ditado espanhol. Você por exemplo, é casado? — disse, dirigindo-se ao cocheiro.

O *mujik* voltou para ambos o seu rosto chato e os olhos míopes.

— Sou casado. Sem mulher a gente não passa.

— Bate em sua mulher?

— Se bato em minha mulher? Às vezes acontece. Sem motivo, não.

— Muito bem. E sua mulher bate em você?

O *mujik* puxou as rédeas, repetidamente.

— Veja o que está dizendo, meu senhor. Gosta sempre de troças... — o camponês, ao parecer, não gostou da brincadeira.

— Está ouvindo, Arcádio Nikolaievitch! E nós dois fomos batidos... Eis o que significa ser um homem educado.

Arcádio riu-se contrafeito. Bazarov não abriu a boca durante o resto da viagem.

Os vinte e cinco quilômetros pareceram cinqüenta a Arcádio. Eis que afinal, na encosta de uma colina, apareceu uma minúscula povoação, onde residiam os pais de Bazarov. Ao lado da povoação, dentro de um pequeno bosque de bétulas, via-se a casa senhorial coberta de palha. Junto à primeira casa do povoado discutiam dois *mujiks*. "Você é um grande porco — dizia um deles — mas não vale um leitão". — "A sua mulher é uma feiticeira" respondia o outro.

— Pela liberdade da sua conduta e pelas palavras de ambos, pode ver que os *mujiks* de meu pai não são servos despoticamente tratados — observou Bazarov. — Agora estou vendo meu pai junto à entrada principal da casa. Já ouviu a campainha. É ele mesmo, conheço-lhe bem a figura. Coitado, já tem os cabelos bem brancos!

CAPÍTULO XX

Bazarov pôs a cabeça fora do carro e Arcádio espiava às costas do seu amigo. Viu, à entrada principal da sede do povoado, um homem alto e magro, de cabelos em desordem e nariz aquilino delgado, trajando um velho dólmã militar desabotoado. Permanecia de pernas abertas, fumando um longo cachimbo e piscando os olhos devido ao sol.

O carro parou.

— Finalmente resolveu vir — disse o pai de Bazarov, continuando a fumar, embora o cachimbo lhe saltasse entre os dedos. Vamos, apeie e dê cá um beijo.

Abraçou o filho... "Eniucha, Eniucha" — ouviu-se uma voz trêmula de mulher. A porta abriu-se e apareceu uma velhinha gorda e baixa, de touca branca e blusa curta e de cor berrante. Soltou um "ah!", tropeçou e cairia certamente, se Bazarov não a segurasse. Seus braços curtos e gordos envolveram o pescoço dele. Ela encostou-lhe a cabeça ao peito e tudo ficou em silêncio. Só se ouviam os soluços da velhinha.

O velho Bazarov respirava profundamente e piscava os olhos mais que de costume.

— Basta, Aricha! Basta — repetiu, trocando um olhar com Arcádio, que se achava junto ao carro. O *mujik* cocheiro até se voltou para o outro lado. — Basta, é desnecessário.

— Oh, Vassili Ivanovitch — balbuciou ela — há quantos anos não vejo meu querido Eniucha... — sempre abraçada ao filho, afastou seu rosto úmido de pranto, em desalinho e comovido. Olhou-o de um modo engraçado e beato e novamente apoiou-se-lhe ao peito.

— É muito natural — disse Vassili Ivanovitch. — Mas vamos entrar. Em companhia de Eugênio veio um hóspede. Peço desculpas — acrescentou falando a Arcádio e fazendo um leve movimento com o pé — o senhor compreende, as mulheres são fracas e o coração de mãe... Mas ele mesmo estava comovidíssimo: os seus lábios e sobrancelhas tremiam... Fazia todos os esforços para dominar a sua comoção e parecer imperturbável. Arcádio saudou-o.

— Vamos, mãezinha — disse Bazarov, levando a velhinha para dentro de casa. Depois de fazê-la sentar-se numa cômoda poltrona, abraçou mais uma vez o pai e apresentou-lhe Arcádio.

— Imenso prazer em conhecê-lo — disse Vassili Ivanovitch.
— Peço-lhe que não repare... Tudo aqui é simples e à moda militar. Arina Vassilievna, calma, por favor. Que cobardia é essa? O nosso hóspede pode censurá-la.

— O senhor... — disse ela chorando ainda — não tenho a honra de o conhecer...

— Arcádio Nikolaievitch — disse com importância Vassili Ivanovitch.

— Perdoem uma velha tonta. — Arina Vassilievna assoou-se e, agitando a cabeça, ora para a direita ora para a esquerda, enxugou cuidadosamente as lágrimas. — Perdoem-me. Cheguei a pensar que morria sem ver o meu querido Eniucha.

— Isso não tornará a acontecer — disse Vassili Ivanovitch.
— Taniuchka — chamou uma pequena descalça de uns treze anos e vestida de chita vermelha — traga um copo de água para a senhora, numa bandeja, está ouvindo? E os senhores estão convidados para visitar o gabinete de um veterano reformado — acrescentou com vivacidade.

— Quero abraçá-lo mais uma vez, Eniucha — gemeu Arina Vassilievna. Bazarov inclinou-se para ela. — Você é tão bonito!

— Bonito, não — observou Vassili Ivanovitch — e sim *um homme fait,* como se diz. Espero agora, Arina Vassilievna, que, depois de satisfazer seu coração de mãe, faça alguma coisa para matar a fome dos nossos queridos hóspedes, porque deve saber que passarinho sem alpiste, não canta.

A velhinha ergueu-se da poltrona.

— Imediatamente, Vassili Ivanovitch, vou mandar servir a mesa. Eu mesma vou à cozinha preparar o "samovar". Tudo ficará pronto logo. Há três anos que não via meu filho, não lhe dava de comer e beber. Pensavam que é fácil?

— Veja lá, patroa, não faça fiasco. Os senhores podem acompanhar-me. Aqui está Timofeievitch que apareceu para lhe dar as boas vindas, Eugênio. Também ficou satisfeito, esse velho de uma figa. Não está alegre, velho? Vamos ao meu gabinete.

Vassili Ivanovitch foi à frente dos moços, arrastando seus chinelos usados.

Toda a casa consistia em seis pequenos cômodos. Um deles, para onde o velho conduziu os nossos amigos, tinha o nome de gabinete de trabalho. Uma mesa de pernas grossas, cheia de papéis velhos e cobertos de pó, como defumados, ocupava todo o intervalo entre as duas janelas.

Pelas paredes se viam espingardas turcas, nagaicas, espadas, dois mapas, alguns desenhos de anatomia, um retrato de Huffeland, um medalhão com cabelos numa moldura preta e o diploma de um médico num quadro. Um divã velho forrado de couro, gasto e rasgado em vários pontos, achava-se entre dois enormes armários de bétula. Nas estantes, em desordem, livros, caixas, aves empalhadas, latas e frascos. Num canto, uma máquina elétrica quebrada.

— Já o preveni, meu caro hóspede — começou Vassili Ivanovitch — que vivemos aqui como num acampamento militar...

— Basta de desculpas — interrompeu Bazarov. — Kirsanov sabe muito bem que não somos ricos e que não moramos num palácio. Onde vamos acomodá-lo?

— Que pergunta, Eugênio! Temos aqui uma nova construção com um ótimo quarto. Lá ficará muito bem instalado.

— Já tem uma nova construção?

— Lá onde está o banheiro — interveio Timofeievitch.

— Ao lado do banheiro — explicou apressadamente Vassili Ivanovitch. — O verão já passou... Vou até lá para ver como está. Timofeievitch, trate da bagagem. Quanto a você, Eugênio, ponho à sua disposição meu gabinete. *Suum cuique.*

— Esta é boa! Um ótimo velho, e muito engraçado — disse Bazarov, logo que Vassili Ivanovitch saiu. — É como seu pai, mas o seu gênero é diferente. Fala demais.

— Sua mãe parece ser uma excelente pessoa — notou Arcádio.

— É ingênua como uma criança. Vai ver que jantar nos há de preparar.

— Não os esperávamos hoje, meu senhor, e não compramos carne — disse Timofeievitch, que acabava de trazer a mala de Bazarov.

— Já que não há, passaremos bem sem carne. Dizem que a pobreza não é vileza.

— Quantos servos tem seu pai? — perguntou de repente Arcádio.

— O sítio não é dele, e sim de minha mãe. Tem, se não me engano, quinze servos.

— Vinte e dois ao todo — observou aborrecido Timofeievitch.

Ouviu-se o arrastar dos chinelos e de novo apareceu Vassili Ivanovitch, que disse solenemente:

— Dentro de alguns minutos o seu quarto estará pronto Arcádio Nikolaievitch, não é esse o seu nome? Terá também um criado às suas ordens — e indicou um menino de cabelos cortados rente, vestido de casaco azul rasgado nos cotovelos e calçado de botas pertencentes a uma outra pessoa. O menino veio com Vassili Ivanovitch. — Chama-se Fedka. Repito-lhe, ainda que o filho me proíba: desculpe a nossa modéstia. Este menino sabe encher muito bem o cachimbo. O senhor fuma?

— Fumo quase sempre charutos ou cigarros — respondeu Arcádio.

— Faz muito bem. Também dou preferência ao cigarro, mas aqui no campo é difícil consegui-los.

— Deixe de representar o papel do pobre Lázaro da Sagrada Escritura — interrompeu novamente Bazarov. — Sente-se aqui no divã, pois quero vê-lo melhor.

Vassili Ivanovitch riu e sentou-se. De rosto parecia-se muito com o filho; apenas a sua fronte era mais baixa e a boca mais larga. Constantemente estava em movimento. Mexia os ombros como se a roupa lhe incomodasse os sovacos. Pestanejava, tossia e movia os dedos, enquanto o seu filho se distinguia pela escassez de movimentos.

— O papel do mendigo Lázaro? — repetiu Vassili Ivanovitch. — Você, Eugênio, não suponha que pretendo comover o hóspede: veja em que selva virgem vivemos. Ao contrário, sou de opinião que para o homem que pensa não existe deserto. Em último caso, esforço-me o mais possível por não me cobrir de bolor, não me deslocar do século.

Vassili Ivanovitch tirou do bolso um estojo amarelo, que apanhara no aposento reservado a Arcádio, e continuou, agitando-o no ar:

— Não me refiro ao fato, por exemplo, de que, com prejuízo para mim mesmo, tenha entregue aos *mujiks* todas as minhas terras. Acho que é meu dever. O bom senso também o manda, embora outros proprietários nem pensem nisso; refiro-me às ciências, à educação.

— Realmente. Estou vendo aqui *O amigo da saúde*, edição de 1855 — observou Bazarov.

— É um velho amigo meu que me enviou de presente — disse surpreendido Vassili Ivanovitch. — Nós estamos versados também em frenologia — agregou, dirigindo-se mais a Arcádio e mostrando sobre um armário uma pequena cabeça de gesso subdividida exteriormente em quadriláteros numerados; — conhecemos bem Schoenlein e Rademacher.

— Há quem ainda acredite em Rademacher nesta província? — perguntou Bazarov.

Vassili Ivanovitch tossiu.

— Nesta província... os senhores devem saber melhor. Não podemos com o senhores. Vieram substituir-nos. No meu tempo um certo humoralista Hoffmann, um certo Brown com seu vitalismo pareciam ridículos, apesar da sua fama em outros tempos. Alguém dos novos substituiu Rademacher. Os senhores prestam-lhe homenagem e, daqui a vinte anos, todo mundo se rirá também desse substituto.

— Quero dizer-lhe a título de consolação — disse Bazarov — que *nós* agora achamos ridícula a própria medicina e não homenageamos ninguém.

— Como assim? E quer ser médico?

— Quero; uma coisa não impede a outra.

Vassili Ivanovitch meteu um dedo no cachimbo, onde ainda havia um pouco de cinza quente.

— É possível. Não vou discutir com você. Quem sou eu? Um médico reformado do exército, *voilà tout*. Agora agrônomo. Fui médico da brigada sob o comando do seu falecido avô — disse a Arcádio. — Muita coisa vi na minha vida. Que sociedades freqüentei e que relações! Hoje o senhor me vê assim. No entanto, apalpei o pulso do príncipe Wittgenstein e do grande poeta Chukovski! Depois de 1814, conheci todos os figurões do exército do sul (aqui Vassili Ivanovitch cerrou significativamente os lábios). Nada tenho que ver com isso. Basta que conheça o meu bisturi! Seu avô era um homem honrado e respeitado, um verdadeiro militar.

— Diga antes que era um estupendo cacete — disse indolentemente Bazarov.

— Que expressões são essas, Eugênio! Não continue, por favor... O general Kirsanov não pertencia à classe...

— Basta — interrompeu Bazarov. — Quando vim aqui, fiquei satisfeito com o seu bosque de bétulas. Cresceu muito.

Vassili Ivanovitch animou-se.

— Ainda não conhece o meu pomar! Eu mesmo plantei árvore por árvore. Temos frutas de toda espécie e plantas medicinais. Afirmem, senhores moços, o que quiserem, mas o velho Paracelso disse uma sagrada verdade: *in herbis, verbis et lapidibus*... Sabe que abandonei a clínica e assim mesmo duas vezes por semana sou obrigado a lançar mão da antiga profissão. Pedem-me conselhos e não posso negá-los. Às vezes, a gente pobre recorre a mim. Por aqui não há médicos. Um vizinho meu, major reformado do exército, também clinica. Pergunto-lhe: "Estudou medicina?" Reponde-me? "Não; nunca estudei, e faço isso por filantropia ou amor ao próximo"... Que amor ao próximo! Exclamou Vassili Ivanovitch com um riso mordaz.

— Fedka, encha o meu cachimbo! — disse severamente Bazarov.

— Outro dia um médico foi chamado para examinar um doente — continuou Vassili Ivanovitch. — O doente já tinha partido *ad patres*, isto é, estava morto. Não quiseram receber o médico, dizendo-lhe: "Já não é necessário". O doutor não esperava isso, ficou atrapalhado e perguntou: "O doente arrotava antes de morrer?" "Arrotava". "Muitas vezes?" "Muitas". "Está muito bem" — concluiu, e se foi.

O velho riu agora sozinho. Arcádio apenas esboçou um sorriso e Bazarov aspirou longamente o fumo do cachimbo. A palestra continuou assim por uma hora. Arcádio teve ocasião de visitar seu aposento, que lhe pareceu confortável e limpo. Finalmente entrou Taniucha e anunciou que o jantar estava pronto.

Vassili Ivanovitch ergueu-se primeiro.

— Vamos, senhores! Desculpem se os aborreci com a minha palestra. Minha mulher saberá atendê-los mais agradavelmente.

O jantar, embora preparado à pressa, estava ótimo. Só o vinho não era grande coisa. Um Xerez escuro comprado por Timofeievitch, na cidade, na casa de um negociante conhecido, tinha um ligeiro gosto de cobre ou outra droga qualquer. Também havia moscas em grande quantidade. Geralmente um moleque costumava enxotá-las com um galho verde. Esta vez Vassili Ivanovitch o dispensou desse serviço, temendo censuras por parte da geração nova. Arina Vassilievna vestira-se melhor: pôs a sua touca com fitas de seda e um xale azul. Chorou novamente quando viu Eniucha. Seu marido nada disse: ela enxugou depressa as lágrimas para que não caíssem no xale. Só os moços comiam, porque os donos da casa já haviam jantado. Servia-os Fedka, visivelmente incomodado com seus grandes sapatos. Auxiliava-o uma mulher de expressão viril, vesga de nome Anfissuchka, que desempenhava as funções de governante, encarregada do aviário e lavadeira. Vasili Ivanovitch, durante o jantar, andava pela sala, com expressão feliz, falando sobre os receios inspirados pela política de Napoleão e pela complexidade da questão italiana. Arina Vassilievna parecia não perceber Arcádio e nem o servia. Com o queixo apoiado à mão, não tirava os olhos do filho, suspirando sempre. O seu rosto de lábios cor de cereja e pequenas manchas nas faces, expressava infinita bondade. Queria saber quanto tempo seu filho demoraria em casa, mas tinha medo de perguntar. "E se disser que fica só dois dias?" pensava, e confrangia-se-lhe o coração. Depois do assado, Vassili Ivanovitch desapareceu por alguns momentos, voltando com meia garrafa, já aberta, de champanhe. "Aqui está — exclamou. — Vivemos no mato, porém nos momentos solenes temos com que distrair-nos!" Encheu três taças e um cálice, brindou à saúde dos "queridos visitantes" e à moda militar, esvaziou de uma só vez sua taça, oferecendo a Arina Vassilievna o cálice, que ela bebeu até à última gota. Quando chegou a sobremesa, Arcádio, que não suportava doce de nenhuma espécie, resolveu experimentar as quatro qualidades que havia. Bazarov recusou-se terminantemente a prová-los, e acendeu um cigarro.

Veio afinal o chá com creme, manteiga e bolos. Depois Vassili Ivanovitch os levou ao pomar, para que apreciassem a beleza da tarde. Ao passar perto do banco, disse baixinho a Arcádio: "Neste lugar gosto de filosofar, contemplando o pôr-do-sol; faz bem ao eremita deste deserto. Ali, mais adiante, plantei algumas árvores muito apreciadas pelo poeta Horácio".

— Que árvores são essas — disse Bazarov.
— Não conhece... são as acácias.
Bazarov bocejou.
— Acho que já é hora de se entregarem aos braços de Morfeu — observou Vassili Ivanovitch.
— Quer dizer que é tempo de dormir — concordou Bazarov.
— É justo. Estamos cansados.

Despendindo-se de sua mãe, beijou-a na testa e ela, abraçando-o, abençoou-o às escondidas por três vezes. Vassili Ivanovitch acompanhou Arcádio ao seu aposento, desejando-lhe "um repouso tranqüilo que conheci também na sua idade feliz". Efetivamente, Arcádio dormiu muito bem no cômodo contíguo ao banheiro. Sentia-se ali um cheiro de hortelã pimenta. Dois grilos cantavam atrás do fogão. Vassili Ivanovitch dirigiu-se do quarto de Arcádio para o seu gabinete e acomodou-se no divã, aos pés do filho, com o intuito de palestrar um pouco. Bazarov mandou-o logo embora, dizendo que tinha muito sono, mas não dormiu a noite inteira. De olhos arregalados, fitava com ódio a escuridão. As reminiscências da infância não tinham poder sobre sua pessoa. Não conseguia livrar-se das suas últimas e amargas impressões. Arina Vassilievna rezou, e depois conversou muito tempo com Anfissucjka que, atenciosa, lhe transmitia em murmúrios todas as suas observações e idéias sobre Eugênio Vassilievitch. A velhinha estava tonta de alegria, do vinho que bebera e da fumaça de cigarros. O marido tentou falar-lhe, mas desistiu.

Arina Vassilievna era uma legítima representante da antiga burguesia russa. Devia ter nascido há duzentos anos, no período moscovita. Muito religiosa e sensível, acreditava em toda espécie de superstições, encantamentos, cartomancia e sonhos. Acreditava nos idiotas de índole profética, nos gênios caseiros, nos gênios da floresta, nos maus encontros, na feitiçaria, nos remédios domésticos, no sal às quintas-feiras e no próximo fim do mundo. Acreditava que, se na missa de domingo de Páscoa, à noite, não se apagarem as velas, a safra será boa. Se o cogumelo não cresce mais, dizia, é porque olhos humanos o viram. Acreditava que o diabo gosta dos lugares onde existe água e que todo judeu tem uma mancha de sangue no peito.

Tinha medo de ratos, cobras, sapos, melros, sanguessugas, trovoadas, água fria, vento encanado, cavalos, bodes, gente ruiva e gatos pretos. Gostava muito de grilos e considerava os cães animais impuros. Não comia carne de vitela, pombos, camarões, queijo, espargos, pêras, lebre; uma melancia cortada lhe recordava a cabeça de S. João Batista. Falava das ostras com grande repugnância. Em geral gostava de comer bem e jejuava severamente. Dormia dez horas por dia e não se deitava se Vassili Ivanovitch tinha dor de cabeça. Só lera um livro na sua vida, chamado *Alex ou a cabana na floresta*. Escrevia uma ou duas cartas por ano. Sabia secar frutas e preparar doces, embora suas mãos nada tocassem. De má vontade mudava de lugar. Arina Vassilievna era muito boa, e inteligente à sua maneira. Sabia que no mundo existem senhores que devem mandar e gente simples para servir; por isso não desprezava a adulação e as reverências profundas. Tratava seus servos com carinho e bondade, não negava esmola aos mendigos e não acusava nunca quem quer que fosse, embora mexericasse por vezes. Quando moça, era muito bonita, tocava piano e fava um pouco de francês. Durante as inúmeras viagens em companhia do marido, com quem se casou contra a vontade, esqueceu a música e o francês. Estimava muito o filho e tinha grande medo dele. A administração da propriedade confiou a Vassili Ivanovitch. Gemia, agitava o lenço, arregalava os olhos de espanto, quando o marido lhe explicava as reformas e planos futuros. Desconfiada, parecia sempre esperar qualquer grande desgraça. Chorava logo, ao lembrar-se de alguma coisa triste... Mulheres assim são raras hoje. O que não sabemos é se isto é um bem!

CAPÍTULO XXI

Tendo levantado, Arcádio abriu a janela. A primeira pessoa que viu foi Vassili Ivanovitch. Trajava um velho capote oriental e tinha em vez de cinto um grande lenço; o velho amanhava a terra na horta. Percebendo o jovem hóspede, exclamou, apoiando-se à pá:

— Bom dia! Como passou a noite?
— Muitíssimo bem — respondeu Arcádio.
—Aqui estou tal qual Cincinato: preparando um canteiro para semear nabos. Já é tempo, graças a Deus! Cada um, com suas

próprias mãos, deve obter o sustento. Nada devemos esperar dos outros. É preciso trabalhar também. Parece que Jean Jacques Rousseau tem razão. Há meia hora meu caro senhor, poderia ver-me numa outra situação inteiramente diversa desta. A uma camponesa, que se queixava de uma forte diarréia, eu... como se diz... tive de aplicar um clister de ópio. A uma outra arranquei um dente. Propus-lhe a anestesia com éter... Não quis. Faço tudo de graça. Não admira: sou plebeu, *homo novus*, não da burguesia antiga de que descende a minha cara metade... Não quer vir aqui para respirar, antes do chá, um pouco de ar puro?

Arcádio foi ter com ele.

— Bom dia, mais uma vez! — disse Vassili Ivanovitch, fazendo continência militar, encostando dois dedos no boné ensebado. — Sei que o senhor está habituado ao luxo, aos prazeres. Mas os grandes deste mundo não desdenham de passar algumas horas sob o teto de uma cabana.

— Pelo amor de Deus! — exclamou Arcádio. — Sou por acaso um dos grandes deste mundo? Nem ao menos estou afeito ao luxo.

— Espere um pouco — disse com gesto amável Vassili Ivanovitch. — Se agora faço parte de um arquivo, muitas coisas vi na minha vida. Conheço o pássaro pelo vôo. Sou também um psicólogo *sui generis* e bom fisionomista. Não tivesse esse dom, por assim dizer, teria perecido infalivelmente há muito tempo. O mundo eliminar-me-ia como homem fraco e insignificante. Digo-lhe francamente: a amizade que noto entre o senhor e meu filho causa-me imenso prazer. Encontrei-o há pouco. Deve saber que sempre se levanta muito cedo e percorre os arredores. Estou curioso por saber desde quando conhece meu Eugênio?

— Desde o inverno deste ano.

— Bem. Permita-me ainda perguntar-lhe uma coisa. Não quer sentar-se? Fale a um pai, com toda a sinceridade: Que pensa de Eugênio?

— Seu filho é um dos homens mais extraordinários que encontrei na minha vida — respondeu vivamente Arcádio.

Os olhos de Vassili Ivanovitch arregalaram-se de repente, e suas faces enrubesceram de leve. A pá caiu-lhe das mãos.

— O senhor assim o supõe — começou ele...

— Estou certo disso — acentuou Arcádio. — Tenho absoluta certeza de que seu filho tem um grande futuro, que tornará célebre seu nome. Convenci-me disso desde o nosso primeiro encontro.

— Como... como foi esse encontro? — mal pronunciou Vassili Ivanovitch.

Um sorriso de prazer abrira-lhe os lábios e não os abandonava.

— Quer saber como nos conhecemos?

— Sim... e o resto...

Arcádio começou a contar-lhe o que sabia de Bazarov, entusiasmando-se cada vez mais. Muito mais que naquela tarde em que dançava uma mazurca com a senhora Odintsov.

Vassili Ivanovitch ouvia-o sempre, passava o lenço de mão em mão, tossia, alisava os cabelos e afinal não se conteve: curvou-se para Arcádio e beijou-o no ombro.

— Graças ao senhor, sou um homem completamente feliz — disse, continuando a sorrir. — Devo dizer-lhe que... adoro o meu filho. Quanto à minha mulher, nem se diga: é mãe! Entretanto, em sua presença, não tenho coragem de expressar meus sentimentos, porque ele não gosta disso. É inimigo de todas as confissões. Muitos até o acusam dessa firmeza de índole, vendo nisso orgulho ou insensibilidade. Homens assim não se devem medir com o metro comum, não é verdade? Vou citar-lhe um exemplo: outro, no seu lugar, havia de tirar muito ou tudo dos seus pais. Acredite que nunca nos pediu um ceitil! Palavra de honra!

— É um homem e honesto — observou Arcádio.

— Desprendido e honesto. Eu, Arcádio Nikolaievitch, não só o adoro como tenho orgulho dele. Toda a minha ambição consiste no seguinte: Que o mundo leia ainda em sua biografia as seguintes palavras: "Filho de um modesto médico militar, que a princípio não sabia entendê-lo e que nada poupava para a sua educação..." — e a voz do velho tremia.

Arcádio apertou-lhe fortemente a mão.

— Pensa que não ficará célebre no terreno da medicina, como o senhor profetiza? — perguntou Vassili Ivanovitch, após algum silêncio.

— Não digo que seja na medicina, apesar de, nesse domínio de conhecimentos, ser um dos maiores sábios.

— Em que então, Arcádio Nikolaievitch?

— É difícil dizê-lo por ora, mas será célebre.

— Será célebre! — repetiu o velho pensativo.

— Arina Vassilievna mandou chamá-lo para tomar chá — disse Anfissuchka, passando perto com um prato enorme cheio de framboesas maduras.

Vassili Ivanovitch estremeceu.
— Teremos creme frio com framboesas?
— Teremos.
— Bem frio, veja lá! Não tenha cerimônia, Arcádio Nikolaievitch, pegue mais. E Eugênio que não vem?
— Estou aqui — ouviu-se a voz de Bazarov no aposento de Arcádio. Vassili Ivanovitch voltou-se rapidamente.
— Quis fazer uma visita ao seu amigo. Chegou tarde, *amice*. Já mantivemos uma longa palestra. Agora vamos tomar chá. A mãe mandou chamar. A propósito, quero falar com você.
— De que se trata?
— Tenho aqui um *mujik* que sofre de icterícia.
— Moléstia amarela?
— Icterícia crônica, bastante adiantada. Receitei-lhe várias plantas medicinais, obriguei-o a comer cenoura, dei-lhe bicarbonato de sódio. Todos esses meios de tratamento são "paliativos". É preciso ministrar-lhe alguma coisa mais eficaz. Sei que ridiculariza a medicina, mas estou certo de que pode dar-me um bom conselho. Conversaremos depois. Vamos tomar chá.

Vassili Ivanovitch ergueu-se do banco e cantou uma passagem da ópera *Roberto, fra Diavolo*:

"Da lei, precisamos
Para vivermos com prazer!"

— Vitalidade extraordinária — concluiu Bazarov.
Era meio-dia. O sol queimava muito, jorrando luz pelos intervalos das nuvens esbranquiçadas e densas. Reinava silêncio. Só os galos competiam no cantar, provocando uma estranha sensação de sono e tédio. Algures, no alto das árvores, se ouvia o piar triste de um filhote de gavião. Arcádio e Bazarov estavam deitados à sombra de uma pequena meda de feno, sobre um lençol de hera verde e odorosa.

— Aquela árvore — disse Bazarov — recorda-me a infância. Cresce à beira de uma cova, restos de uma olaria. Naquele tempo eu tinha a certeza de que este lugar e aquela árvore possuíam um poder do talismã: nunca me aborreci aqui. Não compreendia então que era criança e que não podia aborrecer-me. Agora sou homem. O talismã não exerce influência alguma em mim.

— Quanto tempo passou aqui?

— Dois anos. Viajando sempre. Éramos nômades. Percorríamos de preferência as cidades.

— Essa casa é antiga?

— É. Construiu-a meu avô, pai de minha mãe.

— Quem era seu avô?

— Só o diabo o sabe; um major qualquer. Serviu no tempo do general Suvorov. Contava tudo sobre a passagem dos Alpes. Provavelmente mentia como ninguém.

— Agora sei porque na sala de visitas está o retrato do general Suvorov. Gosto muito de casinhas como estas, antigas e confortáveis. Tem até uma atmosfera especial.

— Devem cheirar a azeite das lâmpadas de igreja — bocejou Bazarov. — E quantas moscas nestas santas casinhas... Uff!

— Diga-me uma coisa: você, na infância, foi severamente educado?

— Ora, já conhece meus pais. É a gente menos severa que existe.

— Estima-os, Engênio?

— Estimo-os, Arcádio.

— Eles o estimam tanto!

Bazarov calou-se.

— Sabe em que penso? — disso afinal, cruzando as mãos sob a cabeça.

— Em que?

— Penso em como vivem bem os meus pais neste mundo! Meu pai, aos sessenta anos de idade, ainda discute sobre os meios "paliativos" de cura, trata de todos, é generoso para com os camponeses e afinal se diverte. Minha mãe passa otimamente: o seu dia de trabalho está cheio de tantos afazeres diversos, que nem se lembra do resto. E eu...

— E você?

— Penso, deitado aqui à sombra deste monte de feno... O lugar insignificante que ocupo é tão minúsculo em comparação com o resto do espaço, onde não estou e onde ninguém se importa comigo! A parcela do tempo que hei de viver é tão ridícula em face da eternidade, onde nunca estive nem estarei... Neste átomo, neste ponto matemático, o sangue circula, o cérebro trabalha e quer alguma coisa... Que estupidez! Que inutilidade!

— Deixe-me dizer-lhe que tudo isso se aplica ao gênero humano em geral...

— Tem razão — disse com energia Bazarov. — Queria sugerir apenas que meus pais estão muito ocupados e não se importam com a sua própria nulidade, que a sua pequenez não cheira mal... e eu somente sinto aborrecimento e ódio.

— Por que ódio?

— Por que? Como por que? Já se esqueceu?

— Não me esqueci de nada, mas acho que não tem o direito de odiar. É infeliz, concordo, porém...

— Vejo, Arcádio Nikolaievitch, que interpreta o amor como todos os moços ultra-modernos: chamam a galinha com as mãos cheias de milho e, quando ela se aproxima, salve-se quem puder! Não sou assim. Mudemos de assunto. O que não tem remédio remediado está. — Deitou-se de lado. — Veja aqui a formiga que arrasta uma mosca moribunda. Leve-a! Carregue-a mesmo que resista, aproveite a circunstância de que você, na qualidade de irracional, tem o direito de desprezar quaisquer sentimentos de compaixão e amor ao próximo. Nós, homens, somos tão diferentes!

— Não devia falar assim, Eugênio! Chegou o ponto de eliminar o seu próprio Eu!

Bazarov ergueu a cabeça.

— É esse o meu legítimo orgulho. Nunca atentei contra o meu próprio Eu e mulher nenhuma há de fazê-lo. *Amém!* Acabemos com isto! Não ouvirá mais de mim uma única palavra a respeito.

Ambos os amigos passaram alguns momentos em silêncio.

— Realmente — continuou Bazarov — o homem é um ser extravagante. Se a gente observar de longe a vida do campo, a dos "pais", parece que nada pode haver de melhor. Coma, beba e saiba que o seu modo de viver é o mais regular, o mais justo e o mais racional que existe. O tédio porém, domina a gente. Queremos ocupar-nos dos homens, ofendê-los até, mas ocupar-mo-nos deles.

— Seria necessário organizar a vida de modo que cada instante tivesse uma certa significação — proferiu pensativo Arcádio.

— Concordo! O que significa alguma coisa, ainda que seja um engano, é agradável. Com o que nada significa podemos ainda concordar... O mal consiste nessas mil e uma coisas sem valor algum, indignas de qualquer atenção e incômodos...

— Coisas incômodas e indignas de atenção de um homem não existem, se não quiser reconhecê-las.
— Acaba de dizer um lugar-comum contraditório.
— Quer quer você dizer?
— Vou explicar-lhe. Se afirmar, por exemplo, que a educação é útil, é um lugar-comum. Se disser que a educação é nociva, é um lugar-comum contraditório. Parece mais elegante e, na essência, significa a mesma coisa.
— Onde está a verdade?
— Onde? Respondo-lhe como um eco: Onde?
— Hoje não está muitos disposto, Eugênio.
— Parece-lhe? Quem sabe se por causa do sol ou das framboesas que comi em quantidade.
— Nesse caso não seria mau dormir um pouco.
— Acho bom. Com uma condição: enquanto dormir, não me olhe. O homem tem sempre cara de imbecil quando dorme.
— Não lhe é indiferente a opinião alheia?
— Não sei. Um homem normal não deve preocupar-se com estas coisas. Um homem normal é aquele que não interessa e que deve ser ou obedecido ou odiado.
— Esta é boa! Não odeio ninguém — disse Arcádio, depois de refletir um pouco.
— E eu odeio a muitos. Você tem uma alma sensível. É fraco. Como poderá odiar?... Tem medo e não confia em si...
— Deposita muita confiança em si mesmo? Julga-se superior?
Bazarov, após um breve silêncio, respondeu:
— Quando encontrar um homem que seja igual ou superior a mim, mudarei de opinião a meu respeito. Odiar! Você, por exemplo, ao passar hoje perto da casa do nosso feitor Filipe, disse: que casinha simples, limpa e confortável. Disse mais: que a Rússia será o melhor país do mundo, quando o mais pobre *mujik* tiver um lar como esse e que cada um de nós deve auxiliar essa conquista... Comecei a odiar aquele *mujik*, Filipe ou Isidoro, para quem devo fazer o impossível e que não me dirá sequer obrigado... Que necessidade tenho eu afinal do seu agradecimento? Viverá bem numa casinha limpa e branca e eu andarei sujo. E depois?
— Basta, Eugênio... Ouvi-lo hoje é concordar contra a vontade com aqueles que nos acusam da falta de princípios.

— Repete as palavras do seu tio. Princípios não existem. Até agora não percebeu essa verdade! Há apenas sensações. Tudo na vida depende delas.

— Como assim?

— É muito simples. Sou, por exemplo, negativista por força da sensação. É-me agradável negar. Todo o meu Eu sente o prazer de negar e basta! Por que gosta de maçãs? É a sensação que assim o determina. Tudo é unilateral. Ninguém lhe explicará o assunto com maior clareza. Ninguém terá coragem de dizê-lo, nem eu mesmo em outra ocasião.

— O sensualismo é honesto? A honra é também uma simples sensação?

— Naturalmente!

— Eugênio! — disse tristemente Arcádio...

— Não gostou? — interrompeu Bazarov. — Não! Se meteu a mão em cumbuca... Entretanto, basta de filosofia. "A natureza embala-nos o sono" disse o poeta Puchkine.

— O nosso grande poeta nunca escreveu coisa semelhante — disse Arcádio.

— Se não escreveu, você como poeta, pode aproveitar esse tema. A propósito, Puchkine deve ter sido um militar.

— Puchkine nunca foi militar!

— É impossível! Todos os seus versos começam assim: "Avante, Avante! A nossa terra clama!"

— Está inventando absurdos! É uma calúnia!

— Calúnia? Que importância! Como se a calúnia impressionasse alguém! Por maior que seja a calúnia levantada contra alguém, o homem não merece a que é vinte vezes pior.

— É melhor dormirmos! — disse aborrecido Arcádio.

— Com imenso prazer — respondeu Bazarov.

Nem um nem outro conseguia adormecer. Um estranho sentimento semelhante à hostilidade se apossou de ambos. Cinco minutos, abriram os olhos e fitaram um ao outro.

— Veja — disse de repente Arcádio — uma folha seca de árvore caiu sobre o solo. Seus movimentos são muito parecidos com o vôo de uma borboleta. Não acha esquisito? Um objeto morto e triste é tão parecido com um ser alegre e vivo!

— Amigo Arcádio Nikolaievitch! — exclamou Bazarov. — Peço-lhe encarecidamente que não me diga frases bonitas.

— Falo como sei... Isso me está parecendo afinal despotismo. Pensei uma coisa e por que não hei de expressar o meu pensamento?

— Muito bem. E por que não poderei expressar também o meu? Acho, por exemplo, que dizer frases e palavras bonitas é feio.

— Que é bonito? Dizer termos de calão?

— Já estou vendo que segue ou tem intenção de seguir as pegadas do titio. Aquele idiota ficaria muito satisfeito, se ouvisse suas palavras!

— Como qualificou Pavel Petrovitch?

— Chamei-lhe como merece: um idiota.

— Não posso tolerar mais — exclamou Arcádio.

— Assim? É a voz do sangue... — disse calmamente Bazarov. — Já notei muitas vezes que o parentesco costuma ser inabalável nos homens. O homem é capaz de abandonar tudo, todos os preconceitos. Mas reconhecer que, por exemplo, o seu irmão é um ladrão, está acima de suas forças! É natural: *meu* irmão, *meu*... é possível?

— Em mim falou o simples sentimento de justiça e não de parentesco — respondeu irritado Arcádio. — Se não entende esse sentimento, se não experimenta essa sensação, não deve nem pode criticá-lo.

— Em outras palavras: Arcádio Kirsanov está muito acima do meu entendimento. Devo curvar-me e calar.

— Basta, por favo, Eugênio. Acabaremos brigando.

— Arcádio, faça-me um favor: vamos brigar pelo menos uma vez na vida, brigar de verdade até à morte.

— E assim, naturalmente, acabaremos...

— Brigados para toda a vida? — exclamou Bazarov. — E por que não? Aqui nesta cama feita de relva, neste lugar próprio para idílios, longe do mundo e dos olhares os homens, uma briga faz bem. Mas você não pode comigo. Posso agarrá-lo agora pela garganta...

Bazarov abriu seus dedos longos e ásperos.... Arcádio fingiu preparar-se para uma resistência... Mas o semblante do seu amigo lhe pareceu tão feroz, com tão séria ameaça estampada no sorriso oblíquo dos seus lábios, dos seus olhos inflamados, que ele sentiu um medo involuntário...

— Veja só que lugar escolheram para descansar! — ouviu-se nesse mesmo instante a voz de Vassili Ivanovitch. O velho médico militar surgiu diante dos moços, trajando um paletó de tecido

modesto, feito em casa e chapéu de palha da mesma fabricação.
— Procurei-os por toda parte... Escolheram um ótimo lugar e se entregam a uma ocupação interessante. Deitados na "terra" e contemplando o "céu"... Sabem que isso significa alguma coisa?

— Somente contemplo o céu quando tenho vontade de espirrar — resmungou Bazarov. Voltando-se para Arcádio, disse em voz baixa: — É pena que viesse atrapalhar a nossa conversa.

— Chega — disse Arcádio ao seu amigo. — Amizade nenhuma poderá suportar semelhantes experiências.

— Olho para vocês, meus jovens amigos — dizia Vassili Ivanovitch, com as mãos apoiadas numa bengala também feita em casa, com a figura de um turco na ponta. — Olho e sinto-me bem. Quanta força, mocidade em pleno viço, capacidade, talento! Perfeitos Castor e Pollux!

— Agora temos uma lição de mitologia — atalhou Bazarov. — Vê-se logo que já foi um grande latinista! Parece-me que, quando estudante, ganhou uma medalha de prata por uma composição!

— *Dioscures!* — repetiu Vassili Ivanovitch.

— Basta, meu pai, não seja pedante.

— Uma vez na vida a gente pode exibir-se — disse o velho.

— Em todo caso, não vim ter com os senhores para literatura. Quero dizer-lhes que vamos jantar daqui a pouco. Além disso, quero preveni-lo, Eugênio... É um homem culto, conhece os homens e as mulheres também. Perdoará certamente. Sua mãe mandou rezar uma missa em intenção de sua chegada. Não pense que será obrigado a assistir a essa missa. Já está tudo acabado. Mas o padre Alexei...

— Padre?

— Padre... um sacerdote, em suma. Ele vai jantar em nossa companhia... A missa foi uma surpresa para mim, do contrário não a aconselharia... Está tudo feito... O padre não me quis atender... Arina Vassilievna também... O padre é um homem bom e circunspecto.

— Não vai deixar-me sem bife? — chacoteou Bazarov.

Vassili Ivanovitch sorriu.

— Que idéia!

— Nada mais exijo. Sento-me à mesa com qualquer homem de bem.

Vassili Ivanovitch endireitou o chapéu.

— Estou certo de que é superior a todos esses preconceitos. Tenho sessenta e dois anos de idade e pouco me importo com eles. (Vassili Ivanovitch não quis confessar que ele mesmo desejou que se celebrasse a missa... Era não menos religioso que sua esposa). O padre Alexei manifestou muita vontade de conhecê-lo. É um homem simpático. Joga bem as cartas e... gosta às vezes de fumar um cachimbo em boa companhia.

— Então, depois do jantar, vamos jogar uma partida. Vou deixá-lo sem vintém.

— Veremos! Os parceiros não são fracos como julga.

— Quer também reabilitar o peso dos anos? — indagou significativamente Bazarov.

As faces de Vassili Ivanovitch ruborizaram-se.

— Não tem vergonha, Eugênio... O que passou não volta mais. Mas estou pronto a provar diante *deles* que tive essa paixão na minha mocidade. Custou-me caro! Não acham que faz calor? Permitam que me acomode perto de vocês. Não os importuno?

— Absolutamente — disse Arcádio.

Vassili Ivanovitch abaixou-se com esforço e sentou-se.

— O lugar onde estão lembra-me a minha vida militar, as enfermarias de campanha situadas onde Deus permitisse. Muito vi na minha existência. Posso contar-lhes, se mo deixarem, um interessante episódio da epidemia de peste na Bessarábia.

— Por esse motivo foi condecorado? — disse ironicamente Bazarov. — Já conhecemos essa história... Por que não traz no peito essa condecoração?

— Já lhe disse que sou um homem sem preconceitos — respondeu atrapalhado Vassili Ivanovitch. (Só na véspera é que mandara arrancar a condecoração do seu dólmã). E começou então a contar o episódio da peste.

— Está dormindo — disse a Arcádio, indicando Bazarov. — Eugênio, chega de dormir; vamos jantar...

O padre Alexei, um homem gordo e de aparência agradável, com basta cabeleira bem tratada, era uma pessoa muito hábil e inteligente. Foi o primeiro a apertar a mão de Arcádio e Bazarov, como se compreendesse que necessitavam não de sua bênção e sim da liberdade de trato. Não se abaixou perante os outros, nem humilhou quem quer que fosse. Riu-se a propósito do seu latim de seminário, defendeu a personalidade do bispo, bebeu duas taças de vinho e recusou a terceira. Aceitou um charuto de Arcádio, mas não quis fumá-lo, dizendo que o levaria para casa. A única coisa desagradável que havia nele era o seguinte: lentamente, com grande cuidado, levantava a mão para pegar as moscas que lhe pousavam no rosto e quando conseguia apanhá-las, esmagava-as. Tomou parte no jogo com expressão moderada de prazer, e acabou ganhando de Bazarov dois rublos e meio em cédulas. Em casa de Arina Vassilievna raramente ou nunca se jogava a dinheiro de prata... Ela mantinha-se como sempre perto do filho, sem jogar, de fronte apoiada à mão e levantando-se apenas para mandar servir qualquer nova gulodice. Tinha receio de acariciar Bazarov e ele não estimulava qualquer carícia materna. Além disso, Vassili Ivanovitch aconselhou-lhe que não o "incomodasse" demasiado. "Os moços gostam muito disso" dizia-lhe. Quanto ao jantar, convém resumi-lo. Timofeievitch trouxe pela manhã carne fresca de primeira qualidade. O feitor saiu em busca de peixes finos e camarões. Pelos cogumelos colhidos, as mulheres do povoado cobraram bom preço. E os olhos de Arina Vassilievna, permanentemente voltados para Bazarov, expressavam intensa ternura e dedicação. Viam-se neles tristeza, curiosidade e receio, a par de uma censura humilde.

Bazarov tinha mais que fazer do que estudar a expressão dos olhos maternos. Raramente falava com ela, dirigindo-lhe poucas palavras. Uma vez ela pediu-lhe a mão "para lhe dar sorte". Pôs tranqüilamente sua mão macia e pequena sobre a palma áspera e larga da do filho.

— Não melhorou?

— Foi pior — respondeu Bazarov com sorriso de indiferença.

— Arriscam-se muito — falou por sua vez o padre Alexei, passando a mão pela sua linda barba.

— É o princípio napoleônico, padre, verdadeiramente napoleônico — disse Vassili Ivanovitch, jogando um ás.

— É por isso que Napoleão foi parar na ilha de Santa Helena — respondeu o padre Alexei, matado o ás com trunfo.

— Não quer um refresco, Eniucha? — perguntou timidamente Arina Vassilievna.

Bazarov limitou-se a dar de ombros.

— Não! — dizia no dia seguinte a Arcádio. — Amanhã vou embora. Estou triste, quero trabalhar, mas aqui é impossível. Vou novamente para sua casa. Lá deixei todos os meus preparados e instrumentos. Em sua casa posso pelo menos ficar fechado no meu quarto. Aqui meu pai diz-me sempre: "O meu gabinete de trabalho está às suas ordens e ninguém o incomodará". Mas não sai de perto de mim. Não fica bem fechar ou evitar-lhe a presença. Minha mãe faz o mesmo. Ouço seus eternos suspiros. Se a procuro, nada tem para me dizer nem tampouco lhe posso dizer uma palavra de conforto.

— Ela, coitada, ficará muito triste — disse Arcádio. — E seu pai também.

— Voltarei cá.

— Quando?

— Por ocasião da minha partida para a capital.

— Tenho pena, principalmente de sua mãe.

— Por que? Será que o mimoseou com muitas frutas escolhidas?

Arcádio baixou os olhos.

— Não conhece sua mãe, Eugênio. Não é simplesmente uma boníssima pessoa. É uma senhora inteligente, creia-me. Hoje pela manhã conversou comigo meia hora, de um modo tão interessante e prático!

— Falaram muito de mim?

— Não é só de você que conversamos.

— É possível. Você deve saber. É ótimo sinal quando uma mulher é capaz de sustentar uma palestra de meia hora. Mas eu vou embora.

— Ser-lhe-á muito difícil comunicar-lhes a sua partida. Estão o dia todo discutindo sobre o que deveremos fazer durante duas semanas.

— Sei que é difícil. Foi o diabo que me tentou hoje: um dia destes ele mandou aplicar um castigo físico num *mujik*. Aliás, fazia muito bem. Não me olhe assim. Repito que fazia muito bem, porque se tratava de um ladrão e ébrio incorrigível. Meu pai não sabia que sou contrário a tudo isto. Soube-o e ficou muito aborrecido. Agora devo aborrecê-lo duplamente...

Bazarov disse: "Não tem importância!". Passou, porém, um dia inteiro antes que se resolvesse a comunicar a Vassili Ivanovitch sua partida. Finalmente, já ao despedir-se dele no gabinete, disse-lhe bocejando:

— Quase esqueço de dizer... Mande preparar amanhã a nossa condução para levar-nos a Fedot, que nos fornecerá outro transporte.
Vassili Ivanovitch ficou embasbacado.
— O senhor Kirsanov parte amanhã?
— Parte e vou com ele.
Vassili Ivanovitch mexeu-se rapidamente no lugar onde estava.
— Parte também?
— Sim... É preciso. Trate, por favor, da condução.
— Bem... — balbuciou o pobre velho. — Condução até Fedot... bem... para que?
— Quero fazer-lhe uma breve visita. Depois voltarei cá.
— Uma breve visita... bem. — Vassili Ivanovitch tirou o lenço do bolso e, assoando-se, inclinou-se quase até ao chão. — Não há outro remédio? Mandarei... preparar tudo. Pensava que havia de... ficar mais tempo aqui. Três dias... depois de três anos de ausência? É muito pouco, Eugênio!
— Repito-lhe que voltarei em breve. É absolutamente necessário.
— Necessário... Que se vai fazer então? Antes de tudo convém cumprir um dever... Quer que mande preparar a condução? Farei como quiser. Eu e Arina não o esperávamos. Ela foi pedir umas flores à vizinha para lhe enfeitar o quarto.

Vassili Ivanovitch não mencionou o seguinte: todas as manhãs, pela madrugada, calçando seus chinelos usados, ele conferenciava com Timofeievitch. Tirando com mão trêmula as cédulas de banco muito gastas, ordenava-lhe que fizesse diversas compras, principalmente de comestíveis e vinho, que, segundo pôde observar, agradou muito aos moços.

— A liberdade, antes de tudo. É esse o meu princípio... não constranger... não...
Calou-se de repente e foi à porta.
— Garanto-lhe, meu pai, que em breve nos veremos.
Vassili Ivanovitch nada disse e saiu. Entrando no seu quarto de dormir, encontrou a esposa dormindo e começou a rezar em voz baixa, para não acordá-la. Ela, porém, acordou.
— É você, Vassili Ivanovitch? — perguntou ela.
— Sou eu!
— Vem da parte de Eniucha? Não sei se dorme muito bem no divã. Ordenei a Anfissuchka que lhe pusesse o seu colchão de campanha e travesseiros novos. Queria pôr lá o nosso colchão, mas ele não gosta de dormir em camas macias.

— Não se incomode, querida. Está bem instalado. Deus nos perdoe — continuou ele baixinho a sua oração. Vassili Ivanovitch teve pena da velha companheira. Não quis revelar-lhe à noite o que os esperava no dia seguinte.

Bazarov e Acádio partiram de manhã. Tudo ficou triste em casa. Anfissuchka deixava cair a louça no chão. Até Fedka não sabia bem de que se tratava e acabou desistindo das botas. Vassili Ivanovitch corria mais do que nunca: fingia coragem, falava alto e batia os pés no chão. O seu rosto, porém, empalidecera e seus olhos buscavam constantemente o filho. Arina Vassilievna chorava. Não se dominaria, se seu marido não a convencesse pela manhã, durante duas horas inteiras. Quando Bazarov, depois de prometer várias vezes que voltaria dentro de um mês, saiu afinal dos braços que o prendiam e ocupou um lugar no carro, quando os animais se puseram em movimento, a campainha tocou e as rodas giraram, nada mais havendo para ver, Timofeievitch, todo curvo e vacilante, dirigiu-se a sua modesta morada. Logo que os velhos ficaram sozinhos na casa, que lhes parecia completamente deserta, Vassili Ivanovitch, que pouco antes agitava o lenço aos que partiam, sentou-se numa cadeira e deixou cair a sua cabeça branca. "Abandonou-nos — murmurou — abandonou-nos. Não se sentia bem em nossa companhia. Agora estou só, completamente só!" — repetiu várias vezes. Nesse momento Arina Vassilievna aproximou-se e, encostando sua cabeça alva à do marido, disse: "Que podemos fazer, Vassia? O filho é como um pedaço, que se corta. É como o falcão: quis, veio; quis, foi embora. E nós somos como certas aves que não saem do seu ninho no tronco de uma árvore seca. Só eu não te abandonarei nunca, nem tu a mim".

Vassili Ivanovitch afastou suas mãos do rosto e abraçou a esposa, sua companheira, com tanta força, como nunca a abraçara quando moço. Ela confortou-o na sua imensa tristeza.

CAPÍTULO XXII

Em silêncio, trocando às vezes palavras insignificantes, os nossos amigos chegaram à estalagem de Fedot. Bazarov estava aborrecido. Arcádio sentia-se indignado com ele. Pesava também no seu coração aquela tristeza sem motivo que é bem conhecida dos moços. O cocheiro substituiu os animais e, instalando-se na boléia, perguntou: "Para a direita ou para a esquerda?" Arcádio estremeceu. O caminho para a direita era o da cidade e de lá para casa; o de esquerda, conduzia à residência da senhora Odintsov.

Ele fitou Bazarov.

— Eugênio, vamos para a esquerda?

Bazarov deu-lhe as costas.

— Que tolice é essa?

— Sei que é uma imbecilidade — respondeu Arcádio... — Que há de mais nisso? Não é a primeira vez...

Bazarov enterrou mais o boné na cabeça.

— Como quiser — disse afinal.

— Para a esquerda! — gritou Arcádio.

O carro dirigiu-se rapidamente para Nikolskoie. Tendo resolvido fazer a tolice, os amigos ficaram ainda mais silenciosos e pareciam até zangados.

Já pela maneira por que os recebeu o mordomo da senhora Odintsov, ambos perceberam que de fato fizeram uma tolice, obedecendo repentinamente ao imperativo da sua imaginação. Ninguém os esperava. Passaram muito tempo na sala de visitas, embaraçadíssimos. A senhora Odintsov veio ter com eles. Saudou-os com a sua habitual amabilidade, sem deixar de manifestar admiração pelo seu rápido regresso. A julgar pela lentidão dos seus gestos e palavras, não ficou muito satisfeita com a sua chegada. Eles se apressaram em declarar que estavam ali apenas de passagem e que, quatro horas depois, seguiriam para a cidade. Ana Sergueievna limitou-se a uma leve exclamação. Disse a Arcádio que saudasse o pai em seu nome e mandou chamar sua tia. A princesa apareceu com cara de sono, o que tornava mais antipático seu velho rosto enrugado. Kátia não passava bem e não saía do seu quarto. Arcádio sentiu repentinamente que desejava ver tanto Kátia como a própria Ana Sergueievna. Quatro horas assim se passaram em palestras sobre diversos assuntos. Ana Sergueievna ouvia e falava sem sorrir. Só à hora de despedir-se pareceu reviver a sua primitiva afabilidade.

— Sou agora vítima do tédio. Mas não se impressionem com isso, e venham aqui ambos, dentro de algum tempo.

Bazarov e Arcádio responderam-lhe com silenciosa reverência, tomaram o carro e, sem parar em parte alguma, dirigiram-se para Mariino, onde chegaram no dia seguinte à tarde. Durante todo o percurso nem um nem outro se referiu à senhora Odintsov. Bazarov, especialmente, quase não abriu a boca. Olhava para os lados da estrada com uma visível expressão de raiva.

Em Mariino todos ficaram satisfeitíssimos ao recebê-los. A longa ausência do filho começara a preocupar Nicolau Petrovitch. Soltou um grito de alegria, agitou as pernas e deu um pulo no divã, quando Fenitchka correu para ele com os olhos cintilantes e anunciou a chegada dos "senhores moços". O próprio Pavel Petrovitch sentiu uma certa impressão agradável e sorria condescendemente, apertando as mãos dos recém-chegados. Principiaram indagações e perguntas de toda espécie. Arcádio falava mais que todos, mormente à ceia, que foi muito além da meianoite. Nicolau Petrovitch mandou vir algumas garrafas de cerveja, que acabavam de chegar de Moscou. Bebeu tanto, que suas faces se tornaram rubras. Ria a todo momento com um riso infantil ou nervoso. A alegria geral propagou-se também à criadagem. Duniacha corria de um lado para outro como doida e batia freqüentemente as portas. Piotr, às três horas da madrugada, ainda tentava executar na guitarra uma valsa qualquer. As cordas da guitarra vibravam sentida e suavemente no ar imóvel. Com exceção de um insignificante esboço de música, nada mais conseguia o criado-chefe: é que a natureza lhe negara a vocação musical como aos demais. A vida não corria bem em Mariino. O pobre Nicolau Petrovitch passava mal. As complicações da sua fazenda aumentavam cada vez mais. Os trabalhadores assalariados davam-lhe muito trabalho. Exigiam contas ou aumento de salário, alguns se despediam levando o dinheiro adiantado. Os animais adoeciam. As peças de atrelar estragavam-se depressa. Os trabalhos se executavam sem cuidado. A debulhadora, que mandara ir de Moscou, era pesada e imprestável para o uso. A outra estragaram logo. A metade do curral ardeu, porque uma velha cega, num dia de ventania, foi com um tição passar um pouco de fumaça na sua vaca... Segundo afirmou essa velha, o incêndio foi causado pela intenção do senhor de organizar nunca vistas instalações de laticínios. O administrador ficou logo indolente e começou a engordar como todo russo que come "o pão livre". Ao ver Nicolau Petrovitch, ele, para demonstrar sua atividade, corria atrás de um leitão que passava tranqüilamente ou ameaçava um moleque semi-nu. Dormia o resto do tempo. Os *mujiks* não pagavam a dízima no prazo fixado, e devastavam o bosque. Quase toda noite os guardas apreendiam, às vezes depois de luta, os animais dos *mujiks* que pastavam nos prados da fazenda. Nicolau Petrovitch estabeleceu a princípio uma multa pelos prejuízos, mas tudo terminava como sempre: os animais apreendidos, depois de um ou dois dias, voltavam aos seus donos. Para cúmulo, os *mujiks* começaram a questionar entre si. Os irmãos exigiam a partilha dos bens, suas mulheres não podiam mais viver sob o mesmo teto. Havia brigas e tudo se punha em alvoroço, como obedecendo a um comando. Todos acorriam ao escritório, molestavam o dono, às vezes com as caras machucadas, embriagados, e exigiam justiça e castigo. Havia então um estardalhaço, berros, gritos agudos de mulheres e palavrões de homens. Era necessário examinar as pretensões das partes em litígio, gritar até ficar rouco, sabendo de antemão que era impossível chegar a uma solução justa do conflito. Faltava gente para os serviços da colheita. Um vizinho, aparentemente honesto, propôs contratar trabalhadores a dois rublos por hectare e enganou a todos crapulosamente. As mulheres da fazenda, para os serviços de colheita, exigiam preços nunca vistos. As searas maduras estavam para ser ceifadas e o grão caía por si. Faltavam ceifadores. E o Banco Hipotecário ameaçava, exigindo o imediato pagamento dos juros...

— Não posso mais! — exclamou várias vezes, desesperado, Nicolau Petrovitch. — Não me convém pessoalmente discutir ou brigar. Os princípios de educação não me permitem que mande chamar polícia e, sem a ameaça de castigo, nada se pode fazer!

— *Du calme, du calme* — dizia por essas ocasiões Pavel Petrovitch, resmungando e cofiando os bigodes.

Bazarov estava afastado de todas essas complicações. Na qualidade de hóspede, não lhe convinha intervir nos negócios alheios. No dia seguinte à sua chegada a Mariino, ocupou-se imediatamente das suas rãs, infusórios, composições químicas, e passava todo o tempo estudando. Arcádio, ao contrário, sentiu-se na obrigação de prestar se não um auxílio ao pai, pelo menos demonstrar-lhe que estava disposto a ajudá-lo. Com muita paciência, ouvia-o e um dia lhe deu um certo conselho, não para que o seguisse e sim para que compreendesse o seu interesse no caso. As ocupações da fazenda não lhe provocavam repulsa: até com grande prazer pensava na atividade de agrônomo. Mas nesse tempo outras idéias lhe vinham à cabeça. Arcádio, com grande admiração sua, sempre pensava em Nikolskoie. Se lhe dissessem antes que ele aborrecer-se-ia em companhia de Bazarov e sob o teto paterno, havia de limitar-se a dar de ombros. Agora se sentia triste e algo o impelia para longe dali. Resolveu fazer longos passeios e de nada valeu semelhante iniciativa. Conversando um dia com seu pai soube que Nicolau Petrovitch estava de posse de diversas cartas, muito interessantes, escritas outrora pela mãe da senhora Odintsov à sua falecida esposa. Insistiu tanto em ver essas cartas, que Nicolau Petrovitch foi obrigado a remexer vinte caixas para entregar-lhas. De posse desses papéis antigos e gastos pelo tempo, Arcádio pareceu acalmar-se, como se visse diante de si o caminho que devia seguir. "Digo-lhes a ambos" — repetiu de si para si — foi ela mesma que o disse! Vou lá, que diabo! Mas lembrou-se da última visita, da fria recepção que lhes fizeram e da inconveniência do seu ato e não se sentia com coragem. O "talvez" da mocidade, secreto desejo de experimentar sua ventura, suas forças a sós, sem proteção de quem quer que fosse, venceu finalmente. Mal passaram dez dias após o seu regresso a Mariino, ele, com o pretexto de estudar a organização das escolas dominicais, partia para a cidade e de lá com destino a Nikolskoie. Apressando incessantemente o cocheiro com promessas de gorgetas, corria para lá como um jovem oficial para a sua primeira batalha. Sentia-se com medo e alegre ao mesmo tempo. A impaciência atormentava-o. "O essencial é não pensar" dizia consigo mesmo. O seu cocheiro era um homem esperto. Parava diante de toda taberna e dizia: "Vai uma?". Depois de várias já não tinha pena dos animais. Finalmente apareceu à distância o alto telhado da casa bem conhecida... "Que estou fazendo?" passou de repente pela imaginação de Arcádio. "É tarde para voltar!" A *troika* corria bem. O cocheiro gritava e assobiava insistentemente. Já tinham passado a ponte, já surgia a alameda principal do jardim... Um vestido de mulher apareceu no verde escuro da vegetação e uma face jovem sorriu sob um leve guarda-sol... Reconheceu Kátia e ela o reconheceu também. Arcádio orde-

nou que o cocheiro parasse, apeou-se do carro e aproximou-se dela.
"É o senhor! — disse Kátia corando. — Vamos encontrar minha irmã. Ela está aqui no jardim. Terá muito prazer em tornar a vê-lo".
Kátia acompanhou Arcádio pelo jardim. O encontro pareceu-lhe um bom sinal. Ficou tão alegre ao vê-la; tudo se passou tão bem: nem mordomo, nem necessidade alguma de se anunciar. Numa volta da aléia viu Ana Sergueievna. Estava de costas para ele. Ouvindo passos, voltou-se devagar.
Arcádio ficaria atrapalhado de novo, se não fossem suas primeiras palavras que o tranqüilizaram logo.
— Bom dia, fugitivo! — ditas em voz calma e carinhosa, e foi-lhe ao encontro, sorrindo e cerrando os olhos por causa do sol e do vento.
— Onde está Kátia? Onde a encontrou?
— Trouxe-lhe, Ana Sergueievna — disse ele — algo que a senhora não espera...
— A sua própria pessoa. É o melhor de tudo.

CAPÍTULO XXIII

Tendo acompanhado Arcádio com ironia compassiva e dando-lhe a entender que não se enganava quanto ao verdadeiro motivo da sua viagem, Bazarov isolou-se definitivamente. Uma febre de trabalho apoderou-se dele. Já não discutia com Pavel Petrovitch, mesmo porque este último, em sua presença, assumia uma atitude demasiado aristocrática e expressava suas opiniões mais por sons do que por palavras. Somente uma vez Pavel Petrovitch tentou discutir com o niilista sobre uma questão em foco naquela época: Os direitos dos nobres das regiões bálticas. Interrompeu-se de repente e proferiu com frieza amável: "Além disso, não nos podemos compreender. Eu, pelo menos, não tenho a honra de compreendê-lo.
— Naturalmente! — exclamou Bazarov. — O homem é capaz de compreender tudo: as oscilações do éter e o que se passa no sol. Não compreende, porém, como um outro homem pode assoar-se de um modo diverso do que o faz.
Apesar de tudo, às vezes pedia permissão para presenciar as experiências de Bazarov. Uma vez até aproximou o seu rosto

bem tratado e perfumado do microscópio, para ver como um infusório transparente engolia uma partícula verde, mastigando com os minúsculos dentes que possuía. Mais freqüentemente Bazar recebia visita de Nicolau Petrovitch. Viria todos os dias "estudar um pouco e aprender", como se expressava, se as ocupações da fazenda não o impedissem. Não incomodava o jovem naturalista. Sentava-se num canto da sala e observava atentamente os trabalhos, fazendo às vezes tímidas perguntas. Durante o jantar e à ceia, orientava a conversação para os assuntos de física, geologia ou química, porque os demais assuntos, até agrícolas, sem falar das questões políticas, poderiam provocar incidentes ou qualquer indisposição recíproca. Nicolau Petrovitch percebia que o ódio do seu irmão por Bazarov não diminuíra em nada. Um acontecimento sem importância, entre tantos outros, confirmou as suas suspeitas. O cólera começou a aparecer pelos arredores e até causou duas mortes em Mariino. À noite, Pavel Petrovitch teve um forte ataque. Passou muito mal até a manhã mas não recorreu a Bazarov. Encontrando-se com ele no dia seguinte, à sua pergunta: "Por que não me mandou chamar?" — respondeu, ainda muito pálido, mas bem penteado e barbeado: "Segundo afirmou um dia, não acredita na medicina".

Assim passavam os dias. Bazarov trabalhava muito... Entretanto, apesar de sua tristeza, na casa de Nicolau Petrovich existia uma pessoa com quem palestrava de boa vontade. Era Fenitchka.

Encontrava-se com ela, na maioria das vezes de manhã cedo, no jardim ou no pátio. Não ia ao seu quarto. Ela só uma vez chegou à porta do seu aposento para lhe perguntar se devia dar banho em Mítia ou não. Depositava confiança nele, não o temia, e até se sentia mais desembaraçada e mais livre que em presença do próprio Nicolau Petrovitch. É difícil explicar o porquê deste comportamento. É possível que, inconscientemente, percebesse na pessoa de Bazarov a ausência de atitudes aristocráticas e de tudo aquilo que a atraía e atemorizava. Para Fenitchka, Eugênio era um ótimo médico e um homem simples. Sem acanhamento algum, em sua presença, lidava com seu filho e, um dia, quando sentiu tonteiras e dor de cabeça, tomou das suas mãos uma colher de remédio. Em companhia de Nicolau Petrovitch parecia estranha a Bazarov. Fazia-o não com segunda intenção e sim por um certo sentimento de decência ou pudor. Tinha medo de Pavel

Petrovitch como nunca. Ele, desde algum tempo passara a observá-la. Aparecia inesperadamente, como por encanto, trajando o seu *suit*, com o rosto impassível e atento, as mãos nos bolsos. "Sinto até calafrios" queixava-se Fenitchka a Duniacha. Esta última respondia com um suspiro e pensava num outro homem "cruel". Sem saber de nada, Bazarov passou a ser o "tirano implacável da sua alma".

Bazarov agradava a Fenitchka e esta também lhe agradava. Seu rosto se transmudava todo, quando ele lhe dirigia a palavra. O semblante de Eugênio assumia uma expressão clara, quase boa. O seu indiferentismo habitual casava-se a uma certa atenção brincalhona. Fenitchka cada dia ficava mais bonita. Há uma época na vida das mulheres jovens em que começam de repente a desabrochar e florescer como as rosas. Era o período que atravessava Fenitchka. Tudo conspirava para isso, até mesmo o calor de julho. Vestida de branco, parecia mais delicada e mais leve. O calor não lhe tostava a pele. Somente coravam suas faces e orelhas, distilando todo o seu corpo um suave langor que se refletia na sonolência pensativa dos lindos olhos. Quase não podia trabalhar. Tombavam-lhe as mãos molemente no regaço. Andava devagar, suspirava às vezes e queixava-se da sua insólita falta de forças.

— Deve tomar banho mais vezes — dizia-lhe Nicolau Petrovitch. Construíra-lhe uma grande piscina coberta de lona num dos tanques que ainda não se tinha esgotado.

— Não adianta, Nicolau Petrovitch! Enquanto a gente vai e volta ao tanque, morre-se de calor. Não há nenhuma sombra no jardim.

— É verdade; não há sombra — concordou Nicolau Petrovitch, passando a mão pela fronte.

Um dia, às sete horas da manhã, Bazarov, ao voltar do passeio matinal, encontrou Fenitchka no caramanchão já sem flores, mas ainda verde e cerrado. Achava-se sentada no banco, com um lenço branco na cabeça. Perto se via um ramo de rosas brancas e vermelhas ainda úmidas de orvalho.

Saudou-a.

— Bom dia, Eugênio Vassilievitch! — respondeu ela, levantando um pouco o lenço para o ver melhor. Nesse gesto o seu braço se descobriu até o cotovelo.

— Que faz aqui? — perguntou Bazarov, sentando-se junto dela. — Está compondo um ramalhete de rosas?

— Sim. Vou enfeitar a mesa para o almoço. Nicolau Petrovitch gosta muito.

— Até à hora do almoço vai ainda muito tempo. Quantas flores!

— Colhi-as agora, porque com o calor a gente nem pode sair. Só agora se respira um pouco. Sinto-me tão fraca com este calor... Será que estou doente?

— Qual nada! Deixe-me ver o seu pulso. — Bazarov tomou-lhe a mão, apalpou o pulso, e não quis contar as pulsações. — Vai viver cem anos — disse, soltando-lhe a mão.

— Deus me livre!

— Por que? Não quer viver muito tempo neste mundo?

— Cem anos? Minha avó viveu oitenta e cinco anos. Que martírio! Toda encarquilhada, surda, corcunda e tossindo sempre. Sofria muito. Isso é vida?

— O melhor então é a mocidade?

— Não acha também?

— Melhor em que? Pode dizer-me?

— Em que ou por que? Eu, por exemplo, sou moça; e posso fazer tudo, não preciso do auxílio de ninguém... Haverá coisa melhor?

— Para mim é o mesmo: mocidade ou velhice.

— Como pode ser o mesmo? É incrível o que o senhor diz.

— Imagine, Fedóssia Nikolaievna, para que me serve a mocidade? Vivo sozinho, solteiro...

— Tudo depende do senhor.

— O fato é que não depende de mim! Se pelo menos alguém tivesse pena de mim.

Fenitchka olhou de soslaio Bazarov, mas não disse nada.

Que livro é esse? — perguntou ela, momentos depois.

— Este? É um livro de ciência, muito difícil.

— O senhor continua a estudar? Não se aborrece? Eu creio que já sabe tudo.

— Parece que não. Experimente ler um pouco.

— Não compreendo nada. É em russo? — perguntou Fenitchka, pegando com ambas as mãos um grosso *in-folio*. — Que livro grande.

— É russo.

— Não compreenderei da mesma forma.

— Não é necessário que compreenda. Quero ver como vai ler. Quando lê, a pontinha do seu nariz mexe-se com infinita graça.

Fenitchka que mal tinha começado a ler a meia voz o capítulo sobre o creosoto, riu e deixou o livro que caiu do banco no chão.

— Gosto também de vê-la quando ri — disse Bazarov.

— Oh, basta!...

— Gosto quando fala. Parece um regato que murmura.

Fenitchka voltou a cabeça para outro lado. — Que lucrará se me ouvir? Já falou com senhoras inteligentes...

— Fedóssia Nikolaievna, acredite-me: todas as mulheres inteligentes do mundo não valem o seu pequenino cotovelo.

— O senhor inventa cada uma! — murmurou Fenitchka, juntando as mãos.

Bazarov levantou o livro no chão.

— É um livro de medicina. Por que o joga assim?

— De medicina? — repetiu Fenitchka, voltando-se para ele. — Sabe? Desde aquele dia em que receitou aquelas gotas, lembra-se, Mítia dorme muito bem! Não sei como agradecer-lhe. É tão bom!

— Sabe que deve pagar o médico? — insinuou sorrindo Bazarov. — Os médicos são uma gente gananciosa.

Fenitchka ergueu para Bazarov os seus olhos, que pareciam mais escuros em virtude do reflexo esbranquiçado que lhe caía sobre a parte superior do seu rosto. Não sabia se lhe falava sério ou não.

— Se é assim, nós, com muito prazer... Vou dizer a Nicolau Petrovitch...

— Pensa que quero dinheiro? — interrompeu-a Bazarov. — Não, não quero o seu dinheiro.

— Que quer então? — disse Fenitchka.

— O que? — repetiu Bazarov. — Adivinhe.

— Não tenho o dom de adivinhar...

— Vou então dizer-lhe: Quero.... uma dessas rosas.

Fenitchka riu novamente e até fez um gesto com os braços, tão engraçado lhe pareceu o desejo de Bazarov. Ria e ao mesmo tempo sentia-se lisonjeada. Bazarov fitou-a com atenção.

— Pois não — disse ela afinal e, inclinando-se sobre o banco, começou a escolher uma rosa. — Qual prefere, vermelha ou branca?

— Vermelha, e não muito grande.
Ela endireitou-se.
— Tome esta — disse, mas logo recolheu o braço estendido e mordeu os lábios, olhando para a entrada do caramanchão e prestando ouvidos.
— Que há? — indagou Bazarov. — Nicolau Petrovitch?
— Não... Ele foi para o campo... Não tenho medo dele... Mas Pavel Petrovitch... Pareceu-me...
— O que?
— Pareceu-me que *ele* anda por aí. Não... Não há ninguém. Tome. — Fenichka entregou a rosa a Bazarov.
— Por que tem medo de Pavel Petrovitch?
— Causa-me sempre medo. Nada me diz, mas olha de um certo modo. O senhor também não gosta dele. Lembra-se quantas vezes discutiu? Não sei sobre que assunto falavam, mas via que o torceu de todo modo...
Fenitchka fez um gesto com as mãos, indicando como Bazarov torcia Pavel Petrovitch.
Bazarov sorriu.
— E se começasse a vencer-me, Fenitchka defender-me-ia?
— Como o poderia defender? Mas é difícil vencê-lo!
— Pensa? Conheço a mão que com um dedo pode derrubar-me.
— Que mão é essa?
— Não sabe? Veja que delicioso perfume tem a rosa que me deu.
Fenitchka estendeu o pescoço, aproximando o rosto da flor. O lenço caiu-lhe da cabeça para os ombros. Apareceu sua cabeleira macia, negra, sedosa e um pouco em desalinho.
— Espere. Quero sentir-lhe também o perfume — disse Bazarov, que se inclinou e beijou-lhe os lábios entreabertos.
Ela estremeceu. Defendeu-se com ambas as mãos encostadas ao peito, mas fracamente, de modo que ele poderia renovar ou prolongar seu beijo.
Uma tosse seca ouviu-se perto do caramanchão. Fenitchka imediatamente se afastou para a outra extremidade do banco. Pavel Petrovitch apareceu então, fez uma ligeira reverência, e disse com certa tristeza e ódio: "Estão aqui?" e afastou-se. Fenitchka juntou depressa todas as rosas e saiu do caramanchão. "É um pecado, Eugênio Vassilievitch", murmurou ela, afastando-se. Na sua voz havia uma dolorosa censura. Bazarov lem-

brou-se de uma outra cena e ficou profundamente aborrecido. Mas, sacudindo a cabeça, saudou ironicamente a si mesmo "pelo feliz início da sua carreira de conquistador", e foi para seu aposento.

Pavel Petrovitch saiu do jardim, encaminhando-se lentamente até ao bosque. Ficou ali muito tempo e, quando voltou para o almoço, Niolau Petrovitch perguntou-lhe preocupado se não estava doente de tão abatida que tinha a fisionomia.

— Sabe que às vezes sofro de derrame de bílis — respondeu-lhe calmamente Pavel Petrovitch.

CAPÍTULO XXIV

Duas horas depois, ele batia à porta de Bazarov.

— Devo pedir-lhe desculpas por perturbá-lo nas suas investigações científicas — começou, sentando-se em uma cadeira perto da janela e apoiando ambas as mãos numa elegante bengala de castão de marfim (Geralmente andava sem bengala.) — Sou forçado a pedir-lhe cinco minutos de atenção.

— Todo o meu tempo está às suas ordens — respondeu Bazarov, e passou-lhe pelo rosto um estremecimento imperceptível, logo que Pavel Petrovitch atravessou a soleira da porta.

— Para mim bastam apenas cinco minutos. Vim para fazer-lhe uma única pergunta.

— Pergunta? Sobre que?

— Peço que me ouça. No princípio da sua permanência na casa do meu irmão, quando eu ainda não me recusava o prazer de palestrar com o senhor, tive ocasião de conhecer suas opiniões sobre vários assuntos. Ao que me lembro, entre nós, na minha presença, nunca abordamos a questão do duelo em geral. Queria saber qual é a sua opinião sobre o assunto.

Bazarov, que se tinha levantado ao encontro de Pavel Petrovitch, sentou-se no canto da mesa e cruzou os braços.

— A minha opinião é esta: do ponto de vista teórico, o duelo é um absurdo, mas do ponto de vista prático, o caso muda de figura.

— Quer o senhor dizer que se bem o compreendi, seja qual for o seu juízo teórico sobre o duelo, na prática não permitiria que o ofendessem, sem exigir uma satisfação?

— Adivinhou perfeitamente o meu pensamento.
— Muito bem. É-me agradável ouvir falar assim. As suas palavras me livram de uma dúvida...
— Quer dizer de uma indecisão.
— É o mesmo. Expresso-me assim para que me entenda. Eu... não sou um rato do seminário. As suas palavras libertam-me de uma triste necessidade. Resolvi brigar com o senhor.

Bazarov arregalou os olhos.
— Comigo?
— Exatamente.
— E por que, se posso saber?
— Poderia explicar-lhe o motivo — disse Pavel Petrovitch.
— Prefiro, no enquanto, não o declarar. O senhor para mim é demais aqui. Não posso suportá-lo, desprezo-o e se isso não lhe é suficiente...

Os olhos de Pavel Petrovitch brilharam de ódio... O mesmo aconteceu com Bazarov.
— Muito bem — disse este. — Não necessito de outras explicações. Teve a fantasia de experimentar na minha pessoa o seu espírito cavalheiresco. Poderia negar-lhe esse prazer, mas já que faz questão...

— Devo-lhe um grande obséquio — respondeu Pavel Petrovitch. — Espero que aceite o meu desafio e não me obrigue a tomar medidas violentas.

— Isto é, falando sem mais alegorias, para que o senhor não recorra a esta bengala? — observou com sangue frio, Bazarov.

— É muito justo. Não tem necessidade de ofender-me fisicamente. Pode ser perigoso para a sua integridade física. É bom que mantenha sempre a sua atitude de *gentleman*... Aceito o seu desafio também como *gentleman*.

— Excelente — disse Pavel Petrovitch, e colocou a bengala no canto. — Vamos agora falar sobre as condições do nosso duelo. Primeiramente, eu desejava saber se não concordaria com a formalidade de uma pequena disputa que pudesse servir de pretexto para o meu desafio.

— Não. É melhor sem formalidades.

— Também penso assim. Acho até que ninguém deve conhecer os motivos reais do incidente. Não podemos suportar um ao outro. Para que mais?

— Para que mais? — repetiu com ironia Bazarov.

— Quanto às condições do duelo, como não temos padrinhos, onde arranjaremos?

— É verdade, onde os arranjaremos?

— Proponho-lhe o seguinte: o duelo se realizará amanhã cedo. Suponhamos que seja às seis horas, atrás do bosque, à pistola, à distância de dez passos...

— Dez passos? Exatamente a essa distância é que nós nos odiamos.

— A distância pode ser de oito passos — observou Pavel Petrovitch.

— Pode. Por que não?

— Atirar duas vezes. Cada um de nós deve pôr no bolso um bilhete declarando que é o único responsável pela sua morte.

— Com isso não concordo — disse Bazarov. — Parece-me um romance francês, cretino e inverossímil.

— Talvez. Entretanto é desagradável passar por assassino.

— Concordo. Mas há um meio de evitar esta acusação. Não teremos padrinhos, mas podemos arranjar uma testemunha.

— Quem é?

— Piotr.

— Que! Piotr?

— O criado do seu irmão. É um homem muito educado. Tenho certeza de que representará o seu papel *comme il faut*.

— Parece-me que o senhor está pilheriando.

— Em hipótese alguma. Depois de estudar a minha proposta, convencer-se-á de que é simples e corresponde ao bom senso. Não se pode guardar uma agulha num palheiro. Vou falar com Piotr, para prepará-lo bem no seu papel no campo de batalha.

— Continua a troçar — disse, erguendo-se, Pavel Petrovitch. — Mas, depois da gentileza de ter aceito o meu desafio, nada tenho a opor... Então estamos combinados... A propósito, não tem armas?

— De que me serviriam armas de fogo, Pavel Petrovitch? Não sou soldado.

— Nesse caso ponho à sua disposição as minhas. Pode estar certo de que não as uso já há cinco anos.

— É um aviso muito confortante.

Pavel Petrovitch pegou a bengala...

— No mais, meu caro senhor, resta-me agradecer-lhe e ir-me para não o furtar por mais tempo ao seu trabalho. Tenho a honra de cumprimentá-lo.

— Até muito breve, meu caro senhor — disse Bazarov, companhando o visitante.

Pavel Petroitch saiu e Bazarov, depois de permanecer alguns momentos à porta, exclamou: "É tão bonito e tão idiota! Que comédia! Os cães amestrados dançam assim nas patas traseiras. Mas não podia recusar. Ele seria capaz de me agredir e então... (Bazarov ficou pálido só ao pensar nisso. Todo o seu amor-próprio se revoltou). Seria então obrigado a estrangulá-lo como um gatinho". Voltou ao microscópio, mas o seu coração batia mais forte. Tinha desaparecido a calma necessária para as observações científicas. "Ele naturalmente nos viu hoje — pensava. — Será que defende a honra do irmão? Que importância tem afinal um beijo? Nisso tudo deve haver outra coisa. Não estará apaixonado por Fenitchka? Naturalmente que sim. É claro como a luz do sol. Que estupendo par!... É um tolo! — concluiu afinal. — Redondamente tolo. Em primeiro lugar, é preciso oferecer a cara às balas ou abandonar este sítio; em segundo lugar, Arcádio... e esse santo Nicolau Petrovitch. É uma rematada tolice".

O dia passou calmo e sem novidade. Fenitchka não aparecia em parte alguma. Escondeu-se no seu quarto como um ratinho na sua toca. Nicolau Petrovitch tinha um ar preocupado. Comunicaram-lhe que o trigal, em que depositava grandes esperanças, fora invadido pelo joio. Pavel Petrovitch impressionava a todos, até Prokofitch, com a sua delicadeza fria. Bazarov começou a escrever uma carta a seu pai, mas rasgou-a sem terminar e jogou os pedaços no chão. "Se morrer — pensou — hão de receber notícia de minha morte. Mas não morrerei. Ainda fico muito tempo neste mundo". Mandou chamar Piotr no dia seguinte de madrugada, para um negócio importante. Piotr supôs que queria levá-lo consigo para S. Petersburgo. Bazarov deitou-se tarde e durante toda a noite teve sonhos desordenados... A senhora Odintsov aparecia-lhe em sonhos, transformava-se de repente em sua mãe. Uma gata de bigodes pretos seguia-o. A gata era Fenitchka. Pavel Petrovitch aparecia-lhe como um grande bosque, com que era obrigado a brigar. Piotr acordou-o às quatro horas da madrugada. Vestiu-se à pressa e saiu em sua companhia.

A manhã era esplêndida e fresca. Havia pequenas nuvens multicores aqui e acolá no azul claro do céu. O orvalho rebrilhava nas folhas das árvores e a erva rasteira verdejava cheia de viço e frescor. A terra úmida e preta parecia conservar ainda os vestígios da noite. No alto pairavam os cantos das aves. Bazarov chegou até ao bosque, sentou-se à sombra, numa clareira e só então revelou a Piotr sua incumbência. O criado de maneiras educadas ficou pálido de espanto. Bazarov tranqüilizou-o, dizendo-lhe que nada teria que fazer, a não ser ficar à distância e observar. Não lhe cabia nenhuma responsabilidade. "Além disso — acrescentou — desempenhará um papel de grande importância aristocrática!" Piotr abriu as mãos, baixou os olhos e, branco de terror, encostou-se a uma bétula.

O caminho de Mariino contornava o bosque. Uma camada de poeira se acumulara na estrada, em que desde a véspera não percorrera nenhuma carruagem ou pedestre. Bazarov espiava ao longo do caminho, arrancava e mordia as hastes de capim e repetia consigo mesmo: "Que tolice!" A brisa fresca da manhã o fez estremecer por duas vezes... Piotr fitava-o lugubremente e Bazarov apenas sorria: não tinha medo.

Ouviu-se um ruído de patas de cavalo na estrada... Surgiu um *mujik* das árvores. Conduzia dois animais e, passando perto de Bazarov, fixou-o com certa surpresa, sem tirar o chapéu, o que visivelmente impressionou Piotr como um mau sinal. "Este também se levantou cedo — pensou Bazarov — pelo menos para o trabalho, e nós?..."

— Parece que ele vem — disse baixinho Piotr.

Bazarov ergueu a cabeça e viu Pavel Petrovitch. Trajava um leve paletó xadrez e calça branca como neve; caminhava rapidamente pela estrada, trazendo sob o braço um estojo envolto em pano verde.

— Perdoem-me, se o fiz esperar — disse, curvando-se primeiramente diante de Bazarov e depois de Piotr, na pessoa de quem, nesse instante, respeitava uma espécie de padrinho de duelo. — Não quis acordar o meu criado.

— Não tem importância — respondeu Bazarov. — Também acabamos de chegar.

— Melhor ainda! — Pavel Petrovitch olhou em redor. — Não se vê ninguém, ninguém pode atrapalhar... Podemos começar?

— Podemos.
— Suponho que o senhor não exige novas explicações?
— Não exijo.
— Quer carregar as armas? — perguntou Pavel Petrovitch, tirando do estojo as pistolas.
— Não. Pode carregar o senhor, enquanto vou medir a distância. Tenho as pernas mais compridas... — disse ironicamente Bazarov. — Um, dois, três...
— Eugênio Vassilievitch — gaguejou com sacrifício Piotr, que tremia como varas verdes — eu vou...
— Quatro... cinco... afaste-se, meu amigo. Pode ficar atrás daquela árvore, tape os ouvidos, mas não os olhos. Se alguém cair, corra para levantar. Seis... sete... oito... — Bazarov parou.
— Basta? — disse, dirigindo-se a Pavel Petrovitch, — ou o senhor quer mais dois passos?
— Como quiser — respondeu aquele, carregando com uma segunda bala.
— Lá vão mais dois passos — e Bazaro, com a ponta do sapato passou um traço no solo. — Aqui está a barreira. A propósito, a quantos passos de distância da barreira deve cada um de nós ficar? É uma questão importante. Ontem não falamos disso.
— Suponho que são dez passos — respondeu Pavel Petrovitch, entregando a Bazarov ambas as pistolas. — Queira escolher.
— Vou escolher. Concorde, Pavel Petrovitch, em que o nosso duelo é tremendamente ridículo. Veja que cara tem o nosso padrinho.
— O senhor gosta de pilheriar sempre — respondeu Pavel Petrovitch. — Não nego a extravagância do nosso duelo, mas devo declarar-lhe que estou disposto a brigar seriamente. *A bom entendeur, salut!*
— Não tenho dúvida de que nós resolvemos exterminar um ao outro. Por que então não havemos de divertir-nos um pouco, unindo *utile dulci?* Fala-me em francês e respondo-lhe em latim.
— Vou brigar seriamente — respondeu Pavel Petrovitch, ocupando a sua posição. Bazarov por sua vez contou dez passos a partir da barreira e parou.
— Está pronto? — indagou Pavel Petrovich.
— Mais que pronto.

— Podemos aproximar-nos.

Bazarov caminhou lentamente e Pavel Petrovitch avançou com a mão esquerda no bolso e levantando devagar o cano da pistola... "Está apontando a arma para o meu nariz — pensou Bazarov — e que pontaria está fazendo, o bandido! É uma impressão realmente desagradável. Vou olhar para a corrente do seu relógio..." De repente, alguma coisa passou-lhe bem perto do ouvido e então ouviu a detonação. "Estou ouvindo ainda; é sinal de que nada me aconteceu", passou-lhe rapidamente pela cabeça. Deu mais um passo e, sem fazer alvo, apertou o gatilho.

Pavel Petrovitch estremeceu, e pôs a mão na perna. Um fio de sangue coloriu-lhe a calça branca.

Bazarov jogou fora a pistola, e aproximou-se do adversário.

— Está ferido? — perguntou ele.

— O senhor só teria o direito de me chamar à barreira — disse Pavel Petrovitch. — O ferimento não tem importância. Conforme combinamos, cada um de nós tem ainda direito a um tiro.

— Perdoe-me, vamos deixar isso para outra vez — respondeu Bazarov, agarrando Pavel Petrovitch que começava a empalidecer. — Agora não sou mais duelista e sim médico. Preciso examinar seu ferimento. Piotr, venha cá! Onde está?

— Que tolice... Não preciso do auxílio de ninguém — disse pausadamente Pavel Petrovitch. — Vamos... recomeçar... — Quis torcer o seu bigode, mas a mão não lhe obedeceu. Seus olhos se fecharam e ele perdeu os sentidos.

— Que transtorno! Um desmaio! Por que será? — exclamou Bazarov, depositando Pavel Petrovitch sobre a relva. — Vamos ver o que há. — Tirou um lenço, enxugou o sangue e apalpou o ferimento... "O osso está intacto — murmurou, — a bala passou de leve, um músculo apenas, *vastus externus*, sofreu um pouco. Pode dançar daqui a três semanas!... E o desmaio? Esses homens nervosos! Oh que pele fina tem ele!"

— Morreu! — ouviu-se atrás a voz trêmula de Piotr.

Bazarov voltou-se.

— Vá buscar um pouco de água, meu amigo. Ele viverá mais do que nós dois.

Mas o criado perfeito parecia não entender-lhe as palavras: não se movia do lugar. Pavel Petrovitch abriu lentamente os olhos.

"Está morrendo!" balbuciou Piotr, fazendo um sinal da cruz.

— O senhor tem razão... Que fisionomia idiota! — disse com um sorriso forçado o *gentleman* ferido.

— Vá buscar água, cretino! — gritou Bazarov.

— Não é preciso... Foi uma vertigem passageira... Ajude-me a sentar... Assim... Basta que se amarre com qualquer coisa este arranhão. Posso ir a pé até em casa, ou então mande buscar o meu carro. O duelo, se lhe convém, não se repete. O senhor foi um cavalheiro... hoje, saiba-o.

— Não convém lembrar o passado — respondeu Bazarov. — Quanto ao futuro, não devemos quebrar a cabeça, porque estou disposto a partir imediatamente. Permita que pense agora a sua perna. O ferimento é leve. Precisamos apenas estancar o sangue. Mas é necessário antes fazer este pobre mortal recobrar os sentidos.

Bazarov sacudiu Piotr pela gola e mandou-o buscar um carro.

— Por favor, não diga nada ao meu irmão — preveniu-o Pavel Petrovitch.

Piotr afastou-se apressadamente. Enquanto providenciava a condução, ambos os adversários estavam sentados na relva em silêncio. Pavel Petrovitch fazia esforços para não olhar Bazarov. Não queria fazer as pazes. Tinha vergonha de seu ímpeto, do seu insucesso e também de toda a questão que provocara, embora se sentisse satisfeito porque a contenda não terminou muito mal. "Em último caso, tem que se ir embora — dizia consigo — e isso será muito bom". O silêncio durava, pesado e incômodo. Ambos não se sentiam bem. Cada um sabia que o outro o compreendia. Para os amigos essa idéia seria agradável e para os adversários, ao contrário, era penosa, principalmente porque ambos não queriam explicar-se e separar-se em paz.

— Não lhe amarrei com muita força a pernas? — perguntou finalmente Barazov.

— Não, estou bem — respondeu Pavel Petrovitch. Depois de algum tempo acrescentou: — É difícil enganar meu irmão. Vou dizer-lhe que nós discutimos por causa da política.

— Muito bem — disse Bazarov. — Pode dizer que eu estava insultando todos os anglômanos.

— Muito bem. Que pensa agora de nós aquele homem? — continuou Pavel Petrovitch, indicando o mesmo *mujik* que, minutos antes do duelo, passara perto de Bazarov com os seus animais e, na volta, passou ao lado deles tirando o chapéu.

— Quem sabe? — respondeu Bazarov. — É possível até que não pense coisa alguma. O *mujik* russo é o mais misterioso de todos os desconhecidos sobre os quais tanto escreveu a senhora Rathcliff. Quem o compreenderá? Não compreende nem a si mesmo.

— É assim... — mal começou a falar Pavel Petrovitch, e de repente exclamou: — Olha o que fez o estúpido Piotr! É meu irmão que vem vindo!

Bazarov virou-se e viu o rosto pálido de Nicolau Petrovitch no carro que acabava de chegar. Ele saltou em terra antes que o veículo parasse e foi ter com o irmão.

— Que significa isso? — disse precipitadamente. — Eugênio Vassilievitch, que aconteceu, por favor?

— Nada de importante — respondeu Pavel Petrovitch. — Incomodaram-no à toa. Discutimos, eu e o senhor Bazarov, e tive que expiar a minha culpa.

— Por que questionaram, pelo amor de Deus?

— Explico-lhe. O senhor Bazarov referiu-se asperamente a sir Robert Peel. Convém dizer que em tudo isto o culpado sou eu. O senhor Bazarov portou-se como um cavalheiro. Fui eu que o desafiei.

— Vejo que está ferido! Há sangue!

— Pensava que tenho água nas veias? Para mim esta sangria é até muito útil, não acha doutor? Ajude-me a subir no carro e não fique triste. Amanhã ficarei bom. Assim está muito bem. Toque, cocheiro.

Nicolau Petrovitch seguiu o carro. Bazarov ia ficando atrás.

— Devo pedir-lhe que trate do meu irmão — disse-lhe Nicolau Petrovitch, — enquanto não chegar outro médico da cidade.

Bazarov curvou silenciosamente a fronte.

Uma hora depois, Pavel Petrovitch estava de cama, com a perna cuidadosamente pensada. Toda a casa ficou em sobressalto. Fenitchka sentia-se mal. Nicolau Petrovitch torcia de desespero as mãos, e Pavel Petrovitch pilheriava, especialmente com Bazarov. Vestindo uma finíssima camisa de seda, uma elegante blusa de noite e fez, não permitiu que descessem as cortinas das janelas. Troçava da necessidade de fazer dieta.

À noite sua temperatura elevou-se. Doía-lhe a cabeça. Veio o médico da cidade. (Nicolau Petrovitch não quisera ouvir o irmão, e o próprio Bazarov desejava isso. Passava o dia inteiro no seu aposento, pálido e irritado, e de quando em quando vinha ver o doente. Umas duas vezes encontrou-se com Fenitchka, mas ela se esquivava apavorada). O novo médico receitou ao doente refrescos e confirmou o diagnóstico de Bazarov: não havia perigo algum. Nicolau Petrovitch disse-lhe que o irmão se ferira, vítima de um acidente. O médico esboçou um gesto de dúvida, mas, tendo recebido vinte e cinco rublos em prata, disse: "Veja só! Isto sucede muitas vezes".

Ninguém se deitava nem descansava em casa. Nicolau Petrovitch entrava e saía a todo instante, na ponta dos pés, do aposento do irmão. Este delirava, gemia baixinho, dizia-lhe em francês: *Couchez-vous* e pedia de beber. Nicolau Petrovitch mandou uma vez Fenitchka levar-lhe um copo de limonada.

Pavel Petrovitch fitou-a com atenção e esvaziou o copo. Pela manhã a febre aumentou um pouco, com ligeiro delírio. A princípio Pavel Petrovitch pronunciava palavras desconexas. Mas abriu de repente os olhos e viu perto da cama o irmão, que se inclinava sobre ele, dizendo-lhe então: "Não é verdade, Nicolau, que Fenitchka tem algo de comum com Nelly?"

— Que Nelly, Pacha?

— Que pergunta! Com a princesa R... Especialmente na parte superior do rosto. *C'est de la même famille.*

Nicolau Petrovitch nada lhe respondeu, e ficou bastante admirado com a persistência dos antigos sentimentos. "Só agora que isso veio à tona" pensou.

— Como amo essa criatura insignificante! — gemeu Pavel Petrovitch, pondo as mãos sob a cabeça. — Não posso admitir que qualquer atrevido toque... — continuou após alguns momentos.

Nicolau Petrovitch suspirou apenas. Não sabia a quem se referiam aquelas palavras.

Bazarov apareceu no dia seguinte às oito horas. Já tivera tempo de arranjar a sua bagagem e soltara todas as suas rãs, insetos e aves.

— O senhor veio despedir-se? — indagou Nicolau Petrovitch, levantando-se.

Perfeitamente.

— Compreendo-o e aprecio-o. Meu pobre irmão foi culpado evidentemente: por isso recebeu o castigo. Ele mesmo me disse que o colocou numa situação de não poder agir de outra maneira. Acredito que o senhor não podia evitar esse duelo que... que até certo ponto se explicou somente pelo constante antagonismo das sua opiniões de parte a parte. (Nicolau Petrovitch atrapalhava-se nas suas palavras). Meu irmão é um homem de têmpera antiga, irritadiço e teimoso... Graças a Deus tudo terminou assim. Tomei todas as providências necessárias para que o caso não se divulgue...

— Vou deixar-lhe meu endereço. Se houve qualquer complicação... — disse com indiferença Bazarov.

— Espero que não haja complicação alguma, Eugênio Vassilievitch... Sinto muito que a sua estada em minha casa teve... tão triste final. Sinto-o mais, porque Arcádio...

— É possível que ainda me encontre com ele — respondeu Bazarov a quem toda espécie de explicações e confissões sempre impacientavam. — Em caso contrário, peço que o senhor o saúde em meu nome, dizendo-lhe que lamento o que aconteceu.

— E eu lhe peço... — respondeu com uma reverência Nicolau Petrovitch. Mas Bazarov não ouviu o fim da sua frase e foi saindo.

Sabendo da partida de Bazarov, Pavel Petrovitch desejou vê-lo e apertou-lhe a mão. Nesse momento Bazarov também continuou frio como gelo. Sabia que Pavel Petrovitch queria manifestar a sua generosidade. Não conseguiu despedir-se pessoalmente de Fenitchka, limitando-se a trocar um olhar com ela. Pareceu-lhe muito triste. "Perder-se-á certamente — pensou — mas é possível que escape!" Em compensação, Piotr ficou tão sensibilizado, que começou a soluçar encostado ao seu ombro, até que Bazarov não o arrefecesse com uma pergunta irreverente: — Porventura os seus olhos fazem parte do aparelho urinário?

Duniacha fugiu para o bosque, afim de esconder a sua comoção. O culpado de todas as desgraças subiu ao carro, acendeu um charuto e, já no quarto quilômetro do caminho, numa volta da estrada, contemplando pela última vez a fazenda dos Kirsanov com sua nova sede, limitou-se a cuspir e dizer: "Aristocratóides crapulosos". E abotoou bem o capote.

Pavel Petrovitch melhorou logo, mas foi obrigado a ficar de cama quase uma semana. Suportava a sua "prisão", como dizia, com bastante paciência. O que lhe dava trabalho era a sua *toilette*. Mandava aspergir água de colônia por toda parte. Nicolau Petrovitch lia-lhe as revistas. Fenitchka servia-o como antes, trazia-lhe a canja, limonada, ovos quentes e chá. Contudo, um pavor oculto se apoderava dela, toda vez que entrava no seu aposento. A insólita conduta de Pavel Petrovitch pôs em alvoroço toda gente da casa, e a ela mais do que a ninguém. Só Prokofitch não se surpreendeu e dizia que, no seu tempo, os senhores costumavam também brigar, mas "só os senhores distintos o faziam entre si, e canalhas como Bazarov apanhavam surras na cocheira".

A consciência quase não atormentava Fenitchka. Mas a verdadeira causa ou a suspeita do motivo do duelo não deixava de torturá-la às vezes. Pavel Petrovitch também a contemplava de um modo tão esquisito... que ela, mesmo de costas, sentia-lhe o olhar fixo na sua pessoa. Emagreceu de tanta agitação íntima e, como sempre acontece, ficou mais bonita.

Um dia, foi pela manhã, Pavel Petrovitch sentia-se muito bem e mudou da cama para o divã. Nicolau Petrovitch, depois de perguntar como passava, afastou-se. Fenitchka trouxe-lhe uma chávena de chá e, colocando-a na mesinha, quis sair. Pavel Petrovitch disse-lhe:

— Que pressa, Fedossia Nikolaievna. Tem muito que fazer?

— Não... sim... preciso servir o chá.

— Duniacha poderá servi-lo. Fique um momento com o doente. A propósito, quero falar-lhe.

Fenitchka sentou-se no canto de uma poltrona.

— Ouça — disse Pavel Petrovitch cofiando seus bigodes. — Queria perguntar-lhe há muito tempo: por que tem medo de mim?

— Eu?...

— Sim; nunca me olha frente a frente. Parece que a sua consciência não está limpa.

Fenitchka corou. Nem sequer olhou para Pavel Petrovitch. Pareceu-lhe tão esquisito, que seu coração estremeceu todo.

— Deve a sua consciência estar limpa? — perguntou-lhe Pavel Petrovitch.

— E por que não? — disse baixinho Fenitchka.

— Não sei. Porventura é ou pode ser culpada para comigo? Isso é impossível. Para com as demais pessoas desta casa? Também é pouco provável. Para com o meu irmão? A senhora o ama?

— Amo.

— Com toda a alma, com todo o coração?

— Amo Nicolau Petrovitch com todo o coração.

— É verdade isso? Olhe bem para mim, Fenitchka (pela primeira vez ele a chamava pelo nome). Sabe que é um grande pecado mentir?

— Não minto, Pavel Petrovitch. Não amar Nicolau Petrovitch significa para mim, não viver.

— Não o troca por ninguém?

— Trocá-lo por quem?

— Há tanta gente no mundo! Por exemplo, por aquele senhor que foi embora daqui.

Fenitchka ergueu-se.

— Meu Deus, Pavel Petrovitch! Por que me atormenta? Que lhe fiz? Como é possível dizer essas coisas?...

— Fenitchka — disse tristemente Pavel Petrovitch — eu vi...

— Que vi o senhor?

— Lá... no caramanchão...

Fenitchka corou até a raiz dos cabelos.

— Que culpa tenho? — perguntou num murmúrio.

Pavel Petrovitch endireitou-se.

— Não tem culpa? Não? É inocente?

— Só amo Nicolau Petrovitch neste mundo e amá-lo-ei por toda a vida! — respondeu ela com súbita energia, sufocada pelos soluços. — O que o senhor viu eu contarei no dia do Juízo Final, e afirmo que nenhuma culpa me cabe. Preferia morrer agora mesmo do que ser suspeita de trair meu benfeitor, Nicolau Petrovitch...

Nesse momento a sua voz mudou de timbre e ela sentiu que Pavel Petrovitch lhe tomava a mão e apertava-a... Olhou-o e ficou petrificada. Ele parecia ainda mais pálido do que nunca. Seus olhos brilhavam e, o que era mais extraordinário, uma lágrima corria-lhe pela face.

— Fenitchka, — disse em voz meiga, — ame, ame sempre meu irmão! Ele é um homem tão bom! Não o traia com quem quer que seja neste mundo! Não preste atenção a ninguém! Pense como é horrível amar e não ser amado! Não abandone nunca meu pobre Nicolau!

Os olhos de Fenitchka ficaram enxutos e o medo passou, tal era a sua surpresa. Imagine-se o seu espanto quando o próprio Pavel Petrovitch aproximou da mão dela os lábios e ficou assim, junto daquela mão, sem beijá-la e suspirando às vezes, presa de profunda comoção...

"Meu Deus — pensou ela — será um novo ataque?..."

Nesse momento palpitava nele toda uma existência sacrificada inutilmente.

Os degraus da escada rangeram sob os passos de alguém... Afastou-a de si e sua cabeça caiu sobre o travesseiro. A porta abriu-se e apareceu Nicolau Petrovitch, alegre, saudável e corado. Mítia, forte e vermelho como o pai, em camisola, saltava nos braços de Nicolau Petrovitch, apoiando os pezinhos nus nos grandes botões do capote do pai.

Fenitchka atirou-se a ele. Envolvendo com seus braços Nicolau Petrovitch e seu filho, encostou a cabeça em seu ombro. Nicolau Petrovitch ficou admirado: Fenitchka, tão acanhada e medrosa, nunca se expandira assim na presença de uma terceira pessoa.

— Que tem? — disse, fitando o irmão e entregando Mítia a Fenitchka.

— Sente-se pior? — perguntou aproximando-se de Pavel Petrovitch.

Este cobriu o rosto com o lenço de seda.

— Não... nada... pelo contrário, sinto-me muito melhor.

— Fez mal em mudar-se logo para o divã. Onde vai? — perguntou Nicolau Petrovitch a Fenitchka, que nesse momento fechava a porta. — Trouxe-lhe o meu gigante. Queria mostrar-lho. Ele ficou com saudades do tio. Por que foi que o levou embora? Que se passa com você? Houve alguma cousa entre ambos?

— Meu querido irmão! — disse solenemente Pavel Petrovitch. Nicolau Petrovitch estremeceu. Ficou apavorado sem saber porque.

— Meu irmão — repetiu Pavel Petrovitch — dê-me a sua palavra de honra, de que atenderá a um pedido meu.

— Que pedido? Pode falar.

— É um pedido importante. Segundo penso, dele depende toda a sua vida. Durante estes últimos tempos, muito refleti sobre o que devia dizer-lhe... Meu irmão, cumpra o seu dever, o seu dever de homem honesto e generoso. Abandone o vício, não dê um mau exemplo que atinge uma das melhores pessoas deste mundo!

— Que quer dizer com isso, Pavel?

— Case-se com Fenitchka... Ela o ama. É mãe de seu filho.

Nicolau Petrovitch recuou um passo e agitou os braços.

— Que diz, Pavel? Sempre o considerei como o mais irredutível adversário de semelhantes uniões! Que diz! Não sabe por acaso que só não cumpri este dever ou aquilo que agora chama de dever, unicamente por respeito seu?

— Não devia respeitar a minha opinião neste caso — respondeu com um triste sorriso Pavel Petrovich. — Começo a pensar que Bazarov tinha razão, quando me acusava de aristocratismo. Não, meu caro, não nos convém mais exibir-nos e pensarmos na alta sociedade. Somos homens antigos e pacíficos. Já é tempo de abandonarmos todas as vaidades. Resta-nos, como diz, cumprir o nosso dever. E veja: podemos ainda receber a felicidade em troca de tudo isto.

Nicolau Petrovitch atirou-se aos braços do irmão.

— Você me abriu definitivamente os olhos! — exclamou — Não é em vão que sempre afirmei que é o homem mais inteligente e mais generoso do mundo. Vejo-o agora tão sensato como magnânimo.

— Calma — interrompeu-o Pavel Petrovitch. — Não machuque a perna do seu sensato irmão que, aos cinqüenta anos de idade, brigou em duelo como um sargento. Então está resolvido: Fenitchka há de ser minha... *belle soeur.*

— Meu caro Pavel, que dirá Arcádio?

— Arcádio ficará satisfeitíssimo! O casamento não faz parte dos seus princípios, mas o sentimento de igualdade lhe será muito agradável. Realmente, para que pensar em castas *au dixneuvième siècle*?

— Pavel, permita que o beije mais uma vez. Não tenha medo. Com cuidado.

Os irmãos abraçaram-se.

— Não será melhor comunicar-lhe a sua intenção agora mesmo? — perguntou Pavel Petrovitch.

— Para que tanta pressa? — respondeu Nicolau Petrovitch. — Já conversaram sobre o assunto? *Quelle idée!* Está muito bem. Antes de tudo é necessário que fique bom. O resto vamos estudar bem e refletir sobre o assunto...

— Já resolveu?

— Já resolvi e agradeço-lhe do fundo da minha alma. Quero deixá-lo agora. O repouso é-lhe necessário e qualquer perturbação será nociva... Teremos ainda ocasião de conversar. Durma, e Deus que lhe dê saúde!

"Por que me agradece tanto? — pensou Pavel Petrovitch ao ficar só. — Até parece que isso tudo não dependia dele! Quando se casar, vou embora para Dresde ou Florença. Lá ficarei até morrer".

Pavel Petrovitch passou pela testa um pouco de água de colônia e fechou os olhos. Iluminada pela luz esplêndida de um dia de sol, sua linda cabeça emagrecida e debilitada jazia sobre um travesseiro branco, como a cabeça de um defunto...

CAPÍTULO XXV

Na jardim de Nikolskoie, à sombra de uma frondosa árvore, achavam-se sentados num banco Arcádio e Kátia. No solo, perto deles, estava Fifi, numa atitude canina muito conhecida dos caçadores. Arcádio e Kátia estavam quietos. Ele segurava um livro aberto e ela escolhia numa cesta as migalhas de pão que lançava aos melros. Os pássaros, atrevidos, saltavam e pipilavam quase junto dos seus pés. Uma brisa suave, perpassando pelas folhas da árvore, farfalhava-a levemente. Pela estreita e escura alameda e pelas costas amarelas de Fifi passavam manchas pálidas e douradas de luz. Uma sombra uniforme envolvia os vultos de Arcádio e Kátia. De quando em quando, na sua cabeleira se acendia uma mancha cintilante. Ambos guardavam silêncio. Só porque estavam quietos um ao lado do outro parecia estarem próximos um do outro. Cada um não pensava na proximidade do vizinho e tinha prazer na sua vizinhança. Seus traços fisionômicos mudaram muito desde que os vimos pela última vez: Arcádio aparentava mais calma e Kátia era mais esperta e viva.

— Não acha — disse Arcádio — que esta árvore tem um nome que lhe quadra à maravilha? É tão leve e suave como os seus galhos que pendem no ar.

Kátia ergueu os olhos e disse um "sim". Arcádio pensou. "Censura-me porque me expresso em termos bonitos".

— Não gosto de Heine — disse Kátia, mostrando o livro que Arcádio tinha na mão; — ele nunca ri, nem chora. Apenas gosto dele quando se sente triste.

— Gosto dele quando ri — disse Arcádio.

— São vestígios da sua orientação satírica... ("Vestígios! — pensou Arcádio. — Se Bazarov ouvisse isto!") Espere que o senhor há de mudar.

— Quem há de fazer-me mudar? A senhora?

— Quem? Minha irmã. Porfírio Platonitch, com quem o senhor já não discute. A titia, que há três dias acompanhou à igreja.

— Não podia recusar-me! Quanto a Ana Sergueievna, lembra-se de que em muita coisa concordava com Eugênio?

— Minha irmã então se achava sob a sua influência, assim como o senhor.

— Como eu também! Por acaso já percebeu que me livrei da sua influência?

Kátia calou-se.

— Bem sei — continuou Arcádio; ele nunca chegou a agradar-lhe.

— Não posso julgá-lo.

— Saiba, Kátia, que toda vez que ouço semelhante resposta, não acredito nele... Não existe no mundo uma pessoa que cada um de nós não possa julgar! É uma simples evasiva.

— Vou dizer-lhe então: Ele... não é que não me agrada... mas sinto que me é estranho e que lhe sou estranha... até o senhor lhe é estranho.

— Por que?

— Não sei como lhe explicar... Ele é uma fera e nós somos domésticos.

— Também sou doméstico?

Kátia fez um gesto afirmativo.

Arcádio coçou a orelha.

— Ouça, Catarina Sergueievna: isso, afinal de contas, ofende meu amigo.

— O senhor queria ser uma fera?

— Uma fera não, mas um homem forte e enérgico.

— Está muito bem... Mas o seu amigo não o quer, e é um homem forte e enérgico.

— Supõe que ele exerceu grande influência em Ana Sergueievna?

— Sim. Ela, porém, é uma mulher superior e não admite prolongado domínio sobre si mesma.

— Qual o motivo?

— É muito orgulhosa... Não é bem assim... Adora a sua independência.

— E quem não adora a própria independência? — perguntou Arcádio. Pela sua mente transitou uma idéia: "Para que serve a independência?" A mesma idéia veio à mente de Kátia. Os moços pensam sempre assim, quando se encontram ou se juntam freqüentemente e de boa vontade. Arcádio sorriu, aproximou-se de Kátia e disse em voz baixa:

— Confesse que tem um pouco de medo *dela*.
— De quem?
— *Dela* — repetiu significativamente Arcádio.
— E o senhor? — perguntou por sua vez Kátia.
— Eu também. Note: eu também.

Kátia fez-lhe uma significativa advertência com o seu dedo indicador.

— O que me admira é que a minha irmã nunca o considerou tanto como agora. Muito mais que por ocasião da sua primeira visita.
— Essa é boa!
— Não notou? Não lhe agrada?

Arcádio ficou pensativo.

— Em que poderia eu merecer a complacência de Ana Sergueievna? Não foi porque lhe trouxe as cartas de sua mãe?
— Esse é um dos motivos. Outros existem que não direi.
— Por que?
— Não digo.
— Já sei que é muito teimosa.
— Sou teimosa.
— E observadora.

Kátia olhou de soslaio para Arcádio.

— É possível. Desagrada-lhe? Em que pensa?
— Penso no seguinte: onde conseguiu esse dom de observação ou de penetração que realmente possui? É tão tímida e desconfiada. Esquiva-se de todos...
— Vivi muito tempo sozinha. Por força, a gente há de pensar muito. Será que me esquivo de todos?

Arcádio olhou-a fixamente.

— Está muito bem — continuou, — mas a gente da sua posição, sem falar da sua situação financeira, raramente possui esse dom. A verdade dificilmente atinge pessoas como a senhora.
— Não sou rica.

Arcádio ficou surpreso e não compreendeu a princípio o que dizia Kátia. "Realmente, toda essa propriedade pertence à sua irmã!" veio-lhe à mente. Esse pensamento lhe era agradável.

— Disse-o muito bem! — proferiu.
— O que?
— Disse bem, com toda a simplicidade, sem acanhamento e sem exibição. Acho que a pessoa que sabe e diz que é pobre, deve sentir uma vaidade toda especial.
— Jamais conheci a pobreza graças à minha irmã. Referi-me à minha situação, só porque chegou a oportunidade.
— Bem. Mas confesse que sente uma parcela de vaidade do que lhe acabei de falar.
— Por exemplo?
— Por exemplo; perdoe-me: não seria capaz de casar-se com um homem rico?
— Se o amasse muito... Não, parece-me que nem assim me casaria.
— Está vendo? — exclamou Arcádio e acrescentou pouco depois: — Por que não se casaria com ele?
— Conheço aquela canção russa dos casamentos desiguais.
— A senhora poderia mandar em sua casa ou...
— Não! Para que? Prefiro obedecer. A desigualdade é horrível. Respeitar-se e obedecer, isso compreendo. É a felicidade. Mas uma existência sujeita a... Não. Basta.
— Basta — repetiu Arcádio. Sim, bem se vê que a senhora é do mesmo sangue de Ana Sergueievna. É independente, porém mais discreta. Estou certo de que não será a primeira a expressar os seus sentimentos, por mais fortes e sagrados que sejam...
— Como é possível de outro modo? — perguntou Kátia.
— Ambas são igualmente inteligentes. Tem o caráter que sua irmã tem...
— Não me compare à minha irmã, por favor — interrompeu precipitadamente Kátia. — É muito inconveniente para mim. Já se esqueceu ou parece ter-se esquecido de que minha irmã é bela e inteligente... O senhor, Arcádio Nikolaievitch, não devia falar com tanta seriedade.
— Que valho no caso? Acha que estou dizendo tudo em tom de pilhéria?
— Naturalmente, em tom de pilhéria.
— Pensa assim? E se tenho certeza do que afirmo? Se acho que ainda não disse toda a verdade?
— Não entendo.

— Efetivamente? Agora vejo que me excedi na apreciação de sua argúcia.

— Como?

Arcádio nada lhe disse em resposta, e voltou-se. Kátia tirou da cesta mais algumas migalhas de pão e pôs-se a jogá-las aos melros. Mas os gestos da sua mão eram tão rápidos, que os pássaros fugiam sem apanhar o alimento.

— Catarina Serguéievna — disse, de repente, Arcádio, — deve ser-lhe indiferente. Saiba, porém, que não a troco, não só pela sua irmã, como também por pessoa alguma neste mundo.

Ele se levantou e afastou-se depressa, como que assustado por suas próprias palavras que lhe saíram assim tão de improviso da boca.

Kátia deixou cair ambas as mãos e a cesta no regaço, baixou a cabeça e olhou por muito tempo Arcádio que se afastava. Pouco a pouco, um vivo rubor começou a aparecer-lhe nas faces. Mas seus lábios não sorriam e seus olhos negros expressavam perplexidade e um outro sentimento ainda desconhecido.

— Está sozinha? — ouviu-se a voz de Ana Serguéievna. — Parece que saiu em companhia de Arcádio.

Kátia, calmamente, fitou sua irmã, que se achava elegantemente vestida e com a ponta do guarda-sol aberto tocava as orelhas de Fifi. Respondeu-lhe:

— Estou sozinha.

— Bem vejo — retorquiu a irmã, rindo-se. — Ele foi embora?

— Sim.

— Liam juntos?

— Sim.

Ana Serguéievna tomou Kátia pelo queixo e levantou-lhe o rosto.

— Espero que não tenham brigado.

— Não — disse Kátia, afastando levemente a mão da irmã.

— Responde-me com tanta solenidade! Pensava encontrá-lo aqui para o convidar a um passeio. Ele é quem me convida sempre. Da cidade trouxeram para você sapatos novos. Vá experimentá-los. Já ontem percebi que os seus sapatos estão bastante usados. Nem se preocupa com isso, nem sabe mesmo que tem uns pezinhos tão lindos! As suas mãos são também lindas... embora um pouco grandes. Deve, pois, cuidar dos pés. Mas nada tem de faceira.

Ana Sergueievna continuou a caminhar pela alameda. Ouvia-se o frufru do seu lindo vestido. Kátia ergueu-se do banco, pegou o volume de Heine e foi embora mas não com o intuito de experimentar sapatos.

"Lindos pezinhos — pensava, pisando devagar e levemente os degraus do terraço quentes de sol. —Lindos pezinhos... Estou certa que o terei junto deles".

Sentiu-se de repente envergonhada e correu para cima. Arcádio ia andando pelo corredor, para o seu aposento. O mordomo alcançou-o, e disse-lhe que no seu quarto estava o senhor Bazarov.

— Eugênio! — murmurou Arcádio, quase com espanto. — Há muito tempo que chegou?

— Neste instante. Pediu que nada dissesse a Ana Sergueievna. Veio diretamente para cá.

"Será que aconteceu alguma coisa em casa?" — pensou Arcádio. Subiu a escada e abriu a porta do quarto. O aspecto de Bazarov o tranqüilizou logo, ainda que um olhar mais experimentado pudesse possivelmente perceber nos traços do rosto enérgico mas abatido do hóspede, os indícios de uma grande agitação interior. Com o capote empoeirado nos ombros, o boné na cabeça, estava Bazarov sentado no parapeito da janela. Nem se levantou quando Arcádio correu a abraçá-lo com exclamações ruidosas.

— Que surpresa! Como vai! — repetiu ele, caminhando pelo quarto como quem sente e deseja demonstrar a sua alegria. — Todos estão bem em casa?

— Todos estão bem e não há novidade alguma — disse Bazarov. — Deixe de tanto entusiasmo. Mande-me trazer um pouco de *kvass*, sente-se e ouça o que lhe vou narrar em poucas palavras.

Arcádio ficou quieto, e Bazarov contou-lhe a história do seu duelo com Pavel Petrovitch. Arcádio ficou admirado e até triste. Não quis, porém, demonstrá-lo. Limitou-se a perguntar se o ferimento do tio não era realmente grave. Ouvindo em resposta que se tratava de um ferimento interessantíssimo, não no sentido médico, sorriu com sorriso forçado. Seu coração sentiu um certo horror e vergonha. Bazarov fingiu não compreendê-lo.

— Sim, meu amigo — disse ele, — eis o que significa morar com os senhores feudais. Fica-se também um senhor feudal e tem-se de tomar parte nos torneios de cavalaria. Assim resolvi voltar para casa dos meus pais. — concluiu Bazarov. — Passei por aqui... a fim de contar tudo isto... mentira inútil, que não passa de estupidez; passei por aqui só o diabo sabe por que. Está vendo que o homem às vezes precisa agarrar a si mesmo pelo topete e arrancá-lo, como se arrancam certos tubérculos da terra. Foi o que me aconteceu há dias... Quis ver mais uma vez o que abandonei, isto é, o canteiro onde estava plantado.

— Espero que essas palavras não se refiram a mim — disse Arcádio com visível emoção. — Espero que não pense em separar-se de *mim*.

Bazarov olhou-o fixamente.

— Será que essa separação podia aborrecê-lo? Parece-me que *você* já se separou completamente de mim. É tão limpinho e tenro... Os seus negócios com Ana Sergueievna parece que vão muito bem.

— Que negócios são esses com Ana Sergueievna?

— Não foi por causa dela que veio da cidade para aqui, meu passarinho? A propósito, como vão as escolas dominicais? Não está apaixonado por ela? Já não passou o tempo de ser modesto?

— Eugênio! Sabe que sempre fui sincero com você. Afirmo-lhe, juro-lhe que se engana.

— Muito bem! Temos uma palavra nova — disse a meia voz Bazarov. — Por que se impressiona tanto? Não me interessa o assunto. Um romântico diria: Sinto que os nossos caminhos se bifurcam e se afastam. Digo simplesmente que nos aborrecemos juntos.

— Eugênio...

— Meu querido, não é nada. Tudo aborrece neste mundo! Agora não será melhor um adeus? Desde que cheguei aqui sinto-me pessimamente, como se lesse as cartas de Gogol à mulher do governador de Kalunga. Foi por isso que não mandei desatrelar os animais do carro.

— É impossível!

— Por que?

— Digo-lhe que será uma indelicadeza para com Ana Sergueievna que, naturalmente, quer tornar a vê-lo.

— Engana-se.

— Ao contrário, estou certo de que tenho razão. De que vale fingir? Não foi por sua causa que veio aqui?

— É possível, mas engana-se ainda.

Arcádio tinha razão. Ana Sergueievna manifestou o desejo de ver Bazarov e mandou convidá-lo pelo mordomo. Bazarov trocou de traje antes de ir ter com ela. Verificou-se depois que a roupa nova fora arrumada na mala de modo a ser usada quando bem entendesse.

A senhora Odintsov não o recebeu no salão, onde ele tão inesperadamente lhe confessara o seu amor e sim na sala de visitas. Estendeu-lhe amavelmente as pontas dos dedos, enquanto seu semblante se mantinha sério.

— Ana Sergueievna, antes de tudo devo tranqüilizá-la. Diante da senhora está um mortal que se arrependeu há muito tempo, e espera que os outros tenham esquecido as suas tolices. Vou embora para muito tempo. Concorde comigo: conquanto não seja uma pessoa delicada, não me seria agradável partir com a idéia de que a senhora se recorda de mim com repugnância.

Ana Sergueievna suspirou profundamente, como se acabasse de galgar uma alta montanha. Sua face iluminou-se de um sorriso. Novamente estendeu a mão a Bazarov e correspondeu ao seu aperto.

— Não convém pensar no passado — disse — já que, a falar verdade, pequei então ou por faceirice ou por outro motivo qualquer. Em uma palavra: sejamos bons amigos como antes. Aquilo foi um sonho, não é verdade? E quem se lembra dos sonhos?

— Quem se lembra dos sonhos? No mais, o amor... é um mal contagioso.

— Será? É muito agradável ouvi-lo.

Assim se expressava Ana Sergueievna e assim falava Bazarov. Ambos pensavam que diziam a verdade. Havia realmente verdades nas suas palavras? Nem eles mesmo o sabiam. A julgar pela palestra que se travou entre ambos, parecia que acreditavam piamente no que diziam.

Ana Sergueievna, entre outras coisas, perguntou a Bazarov o que fazia na fazenda dos Kirsanov. Bazarov quase lhe contou a história do seu duelo com Pavel Petrovitch, mas se conteve, para que não pensasse que ele queria passar por interessante aos seus olhos. Respondeu-lhe simplesmente que trabalhou durante todo aquele tempo.

— E eu — disse Ana Sergueievna — me aborrecia a princípio, não sei porque. Até estava disposta a partir para o estrangeiro!... Depois tudo passou. Chegou seu amigo, Arcádio Nikolaievitch, e eu comecei novamente a viver como sempre, desempenhando o meu verdadeiro papel.

— Que papel?

— O papel de tia, conselheira, mãe ou como quiser. A propósito, sabe que antes não compreendia bem sua amizade com Arcádio Nikolaievitch: julgava-o bastante fútil. Agora cheguei a conhecê-lo melhor e convenci-me de que é inteligente... O essencial é que ele é moço, muito moço... diferente de nós dois, Eugênio Vassilievitch.

— Ainda se acanha em sua presença? — perguntou Bazarov.

— Porventura Arcádio... — começou Ana Sergueievna. Depois de pensar um pouco, disse: — Agora não se acanha tanto e conversa comigo. Antes me evitava. Eu propriamente não fazia questão da sua companhia. Hoje ele e Kátia são grandes amigos.

Bazarov sentiu um certo aborrecimento. "Quanta malícia numa mulher!" — pensou.

— Diz que a evitava — falou um sorriso frio Bazarov. — Mas deve saber bem que ele estava apaixonado pela senhora.

— Como! Ele? — exclamou Ana Sergueievna. — Também?

— Também — repetiu Bazarov, com humilde reverência. — Será que lhe revelei uma novidade?

Ana Sergueievna baixou os olhos.

— Engana-se, Eugênio Vassilievitch.

— Não creio. Quem sabe se não convinha que falasse. — "Outra vez seja menos maliciosa", disse consigo mesmo.

— Por que não falar? Suponho que ainda nesse caso, o senhor atribui grande importância a uma impressão de momento. Começo a pensar que exagera muito as coisas.

— Não falemos mais nisso, Ana Sergueievna.

— Por que? — disse ela, e mudou de assunto.

Não se dava bem com Bazarov, embora lhe afirmasse e se convencesse de que tudo foi esquecido. Trocando com ele as palavras mais simples, até em tom de pilhéria, sentia uma ligeira sensação de medo. Assim a gente a bordo, em pleno mar, fala e ri descuidada, como se estivesse em terra firme. Mas se acontece o mínimo incidente no navio, se há o mais insignificante sinal de algo extraordinário, imediatamente em todos o semblantes transparece a expressão de receio que revela a noção de constante perigo.

A palestra de Ana Sergueievna com Bazarov não durou muito. Ela começou logo a ficar pensativa e a responder distraidamente. Propôs-lhe afinal passar ao salão, onde encontraram a princesa e Kátia. "Onde está Arcádio Nikolaievitch?" perguntou a dona da casa. Ao saber que não aparecia há mais de uma hora, mandou chamá-lo. Não foi fácil encontrá-lo: penetrara no recanto mais afastado do jardim e permanecia ali mergulhado nos seus pensamentos, com ambas as mãos no queixo. Seus pensamentos eram profundos e importantes, mas não tristes. Sabia que Ana Sergueievna estava a sós com Bazarov e não sentia ciúme algum, como sempre lhe acontecia. Ao contrário, tinha uma expressão quase de iluminado. Parecia estar surpreso, alegre e resolvido a dar um passo decisivo.

CAPÍTULO XXVI

O falecido Odintsov não apreciava inovações, mas permitia "jogos de sabor aristocrático". Assim mandou construir no jardim, entre a estufa e o tanque, um edifício parecido com um pórtico grego, feito de tijolo russo. No muro posterior e quase abandonado desse pórtico ou galeria, estavam seis nichos para as estátuas que o senhor Odintsov queria importar do estrangeiro. Essas estátuas deveriam simbolizar: Solidão, Silêncio, Reflexão, Melancolia, Pudor e Sensibilidade. Uma dessas deusas, a do Silêncio, com um dedo nos lábios, chegou a ser instalada no seu pedestal. No mesmo dia os moleques da casa lhe quebraram o nariz. O pedreiro das vizinhanças propôs arranjar-lhe um nariz "duas vezes melhor que o outro". Entretanto o senhor Odintsov mandou retirá-la do nicho. A estátua foi parar num depósito, onde permaneceu muitos anos, alimentando o terror supersticioso das camponesas da localidade. A parte anterior do pórtico encheu-se de trepadeiras e outra espécie de vegetação. Só os capitéis das colunas ainda se percebiam sob uma densa camada de verdura. No pórtico, até ao meio-dia, reinava uma temperatura agradável. Ana Sergueivna não gostava de visitar esse lugar desde o dia em que lá encontrou uma cobra. Mas Kátia sempre ia ali e sentava-se num grande banco de pedra, instalado debaixo de um dos nichos. Protegida pela frescura e pela sombra, lia, trabalhava e sentia aquela quietude completa que todos naturalmente conhecem e que consiste na contemplação íntima e espontânea, quase consciente, da existência, agitando-se incessantemente em torno de nós e dentro de nós mesmos. No dia seguinte ao da chegada de Bazarov, Kátia estava sentada no seu banco predileto. Ao lado dela se via Arcádio. Ele propusera-lhe, na véspera, visitarem o pórtico.

Até o almoço faltava ainda perto de uma hora. A manhã orvalhada cedia lugar a um dia quente. O rosto de Arcádio conservava a expressão do dia anterior e Kátia tinha um aspecto preocupado. Sua irmã, logo após o chá, chamou-a ao seu gabinete de trabalho e, depois de proferir algumas frases carinhosas, o que sempre espantava Kátia, aconselhou-lhe que fosse mais cautelosa na sua conduta com Arcádio, dizendo-lhe que evitasse especialmente os colóquios isolados com ele, que já eram aparentemente conhecidos da tia e de toda a casa. Além disso, já na tarde anterior, Ana Sergueievna não estava de bom humor. A própria Kátia sentia como se tivesse feito algo de realmente censurável. Atendendo ao pedido de Arcádio, resolveu fazê-lo pela última vez.

— Catarina Sergueievna — disse ele, com certo acanhamento, — desde o dia em que tive a ventura de viver com a senhora sob o mesmo teto, palestramos sobre tanta coisa. Agora tenho um assunto que me interessa mais do que tudo nesta vida... questão que ainda não tive ocasião de abordar. Como observou ontem, mudei muito aqui — acrescentou, fitando-a e evitando ao mesmo tempo o olhar interrogativo de Kátia. — Realmente, mudei muito e sabe-o melhor do que ninguém. Sabe também a senhora a quem atribuo toda essa mudança.

— Eu?... A mim?...

— Não sou mais aquele menino impertinente que um dia veio aqui — continuou Arcádio. — Já tenho vinte e três anos de idade e desejo, como antes, ser útil. Quero consagrar todas as minhas energias à verdade. Agora porém, não busco a realização dos meus ideais onde buscava antes. Os meus ideais podem realizar-se... muito mais perto. Até agora não me entendia. Vivia a meditar os problemas que não são compatíveis com as minhas forças... Os meus olhos se abriram há pouco, graças a um único sentimento... Expresso-me obscuramente, mas espero que me compreenda...

Kátia nada dizia; olha fixamente para Arcádio.

E ele continuou em voz mais emocionada, enquanto um pássaro cantava insistentemente na folhagem copada de uma bétula mais próxima:

— Creio que o dever de todo homem honrado é ser sincero com... as pessoas que... lhe são próximas. Por isso... estou disposto a... — nesse ponto, a eloqüência de Arcádio traiu-o. Atrapalhou-se, ficou quieto e permaneceu assim por algum tempo. Kátia não tirava dele os seus olhos. Parecia que nada entendia e ao mesmo tempo esperava alguma coisa de importante.

— Estou prevendo que vou deixá-la surpresa — recomeçou Arcádio, reunindo todas as suas forças. — É porque este meu sentimento refere-se de um certo modo... de um certo modo, veja bem... à sua pessoa. A senhora, se me lembro bem, censurou-me ontem pela minha falta de seriedade — prosseguiu Arcádio com aspecto de alguém que penetrou num pântano e sente que se afunda cada vez mais, caminhando sempre na esperança de sair o mais depressa do tremedal. — Essa censura costuma dirigir-se... recai... sobre os homens ainda moços, mesmo quando não a merecem. Se tivesse mais confiança em mim mesmo... ("Ajude-me, por amor de Deus!" pensava desesperado Arcádio, porém Kátia conservava a mesma atitude). Se eu pudesse ter a esperança...

— Se pudesse ter a certeza do que está dizendo — ouviu-se de repente a voz clara de Ana Sergueievna.

Arcádio calou-se imediatamente e Kátia ficou pálida. Contornando os arbustos que fechavam o pórtico, existia uma trilha. Ana Sergueievna caminhava por esse passeio em companhia de Bazarov. Kátia e Arcádio não podiam vê-los, mas ouviam todas as palavras, o frufru do vestido e a própria respiração.

Deram alguns passos e, como de propósito, pararam em frente do pórtico.

— Está vendo — prosseguiu Ana Sergueievna — ambos nos enganamos. Não somos da primeira mocidade, especialmente eu. Já vivemos e sentimos o cansaço. Ambos, para que cerimônias? Somos inteligentes. A princípio, interessamo-nos um pelo outro. Era simples curiosidade... e depois...

— Depois, perdi a inspiração — disse Bazarov.

— Sabe que não foi essa a causa da nossa desarmonia. Fosse como fosse, não necessitávamos um do outro. Eis o principal. Havia em nós muita coisa de... por assim dizer... consangüíneo. Não o percebemos logo. Ao contrário, Arcádio...

— Precisa dele? — indagou Bazarov.

— Basta, Eugênio Vassilievitch. Diz que ele não me é indiferente e sempre percebi que lhe agrado. Sei que estou na idade de ser sua tia. Não quero ocultar-lhe que comecei a pensar muito nele. Nesse sentimento moço e virgem existe muita beleza...

— A palavra *olfato* é de grande utilidade em casos como esse — interrompeu Bazarov. Na sua voz calma e surda havia notas irritadas. — Arcádio, falando comigo ontem, tinha um quê de misterioso. Referia-se ou à senhora ou à sua irmã... É um sintoma importante.

— Ele e Kátia são como irmãos — disse Ana Sergueievna. — Isso me agrada muito nele, ainda que devia não permitir semelhante aproximação entre ambos.

— Quem fala agora... é sua irmã? — disse estendendo as palavras Bazarov.

— Compreende-se... por que estamos parados aqui? Vamos. Que assunto esquisito estamos abordando, não é verdade? Poderia esperar que chegasse a falar assim com o senhor? Sabe que lhe tenho medo... e ao mesmo tempo deposito no senhor toda a confiança. Mesmo porque não deixa de ser muito bom.

— Em primeiro lugar, não sou bom, em segundo, perdi toda e qualquer significação para a senhora e me diz que sou bom... É o mesmo que colocar uma coroa de louros na fronte de um defunto.

— Eugênio Vassilievitch, não somos senhores de nós mesmos... — começou a dizer Ana Sergueievna. Uma rajada de vento passando pela folhagem levou as suas últimas palavras.

— É livre — disse pouco depois Bazarov.

Já não se podia ouvir mais coisa alguma. Os passos afastaram-se... e tudo ficou em silêncio.

Arcádio voltou-se para Kátia. Ela conservava a mesma atitude, apenas com a cabeça mais baixa.

— Catarina Sergueievna — disse ele em voz trêmula e apertando-lhe as mãos. — Amo-a para sempre. Queria dizer-lho, conhecer sua opinião e pedir sua mão, e, embora não seja rico, sinto-me capaz de todos os sacrifícios... Não responde? Não me acredita? Pensa que não falo sério? Lembra-se dos seus últimos dias! Porventura ainda não se convenceu de que o resto, entenda-me, todo o restante desapareceu há muito sem deixar vestígios? Olhe-me e diga-me uma só palavra... amo... amo-a... acredite-me!

Kátia fixou em Arcádio um olhar sério e claro. Depois de uma longa reflexão, sorrindo de leve, respondeu-lhe:

— Sim.

Arcádio levantou-se precipitadamente do banco.

— Sim! Disse: sim, Catarina Sergueievna! Que significa essa palavra? Significa que a amo, que crê em mim... ou... ou... não posso concluir...

— Sim — repetiu Kátia e desta vez ele compreendeu. Agarrando-lhe as belas mãos, cheio de indescritível entusiasmo, apertou-as contra o coração. Quase não podia ficar em pé, repetindo sempre: "Kátia, Kátia..." Ela chorou inocentemente, rindo das próprias lágrimas. Quem não viu essas lágrimas nos olhos da pessoa amada, nunca sentiu até que ponto, sob o influxo de gratidão e pudor, pode uma pessoa ser feliz neste mundo.

No dia seguinte cedo, Ana Sergueievna mandou chamar Bazarov ao seu gabinete de trabalho e, com um riso forçado, entregou-lhe uma folha dobrada de papel de carta. Era uma carta de Arcádio, na qual pedia a mão de sua irmã.

Bazarov, depois de ter lido rapidamente a carta, fez grande esforço sobre si para não manifestar uma alegria de vingança que momentaneamente se apoderou do seu ser.

— Essa é boa — disse ele, — e a senhora parece-me que ainda ontem afirmou que Arcádio sentia por Kátia Sergueievna um amor fraternal. Que pretende fazer agora?

— Que me aconselha o *senhor*? — indagou Ana Sergueievna, continuando a rir.

— Creio que — respondeu Bazarov rindo também, embora não se sentisse alegre nem tivesse vontade alguma de rir — convém abençoar os noivos. Não é um mau partido. Kirsanov tem recursos, Arcádio é o filho único e seu pai é uma ótima pessoa e não oporá obstáculos a esse casamento.

A senhora Odintsov começou a andar pela sala. Ora corava ora empalidecia.

— É essa sua opinião? — disse. — Da minha parte, concordo... Estou satisfeita com a sorte de Kátia... E Arcádio Nikolaievitch. Esperarei a resposta de seu pai. Vou mandar Arcádio em pessoa. Parece agora que tive razão ontem, quando lhe afirmei que ambos já somos gente de idade... Nada podia prever! É uma surpresa para mim!

Ana Sergueievna riu de novo e voltou-se para um lado.

— A mocidade de hoje é muito maliciosa — notou Bazarov e riu também. — Adeus — disse ele, depois de um breve silêncio. — Desejo-lhe pleno êxito neste caso de família. Mesmo longe daqui, terei prazer em que tudo aconteça pelo melhor.

A senhora Odintsov voltou-se rapidamente para ele.

— O senhor vai partir? Por que não fica, exatamente *agora*! Fique... Gosto tanto de conversar com o senhor... Parece que a gente anda à beira do abismo. Tem-se medo a princípio e coragem depois. Fique.

— Muito obrigado pelo convite, Ana Sergueievna, e pela opinião lisonjeira que tem do meu talento de conversador. Acho, porém, que já passei muito tempo numa esfera que me é estranha. Os peixes voadores podem permanecer algum tempo no ar, mas não abandonam a água. Permita-me que também mergulhe no meu elemento.

A senhora Odintsov examinou atentamente Bazarov. Um sorriso amargo contraía-lhe o rosto pálido. "Este já teve ocasião de amar-me!" pensou ela. Teve muita pena e com grande cordialidade estendeu-lhe a mão. Mas Bazarov não a entendeu.

— Não! — disse, recuando um passo. — Sou um homem pobre, mas nunca tive necessidade de esmola. Adeus. Desejo-lhe saúde e felicidade.

— Estou certa de que não nos vemos pela última vez — disse Ana Sergueievna com um movimento involuntário.

— Muita coisa sucede neste mundo! — respondeu Bazarov, e, fazendo uma reverência, saiu.

* * *

— Então você resolveu construir o seu ninho? — dizia no mesmo dia a Arcádio, de cócoras, arrumando a sua mala. — Por que não? É um bom negócio. Não tinha necessidade de ocultar essa intenção. Esperava de você outra atitude. Ou por acaso ficou surpreso com tudo isso?

— Realmente, de nada suspeitava, quando nos separamos — respondeu Arcádio. — Por que afirma maliciosamente: "Um bom negócio", como se eu não conhecesse a sua opinião sobre o casamento?

— É interessante o que pergunta, meu amigo — respondeu Bazarov. — Veja o que estou fazendo agora: nesta mala há um lugar vazio que encho de palha. Assim também na mala da nossa existência: basta enchê-la de qualquer coisa, só para que não haja vazio. Não se ofenda, por favor: naturalmente se lembra do meu conceito sobre Catarina Sergueievna. Qualquer senhorita passa por inteligente, porque sabe suspirar a tempo. A sua noiva é capaz de defender a sua própria personalidade. É capaz de defender-se de tal modo, que terminará por dominá-lo completamente, já que assim deve ser.

Fechou a mala e ergueu-se:

— Quero dizer-lhe por despedida... não convém enganar-nos: nós nos despedimos para sempre e você o sabe... fez bem. Não nasceu para a nossa amarga e áspera vida de solteirões. Não tem nem a necessária ousadia, nem ódio. Tem uma coragem jovem e atrevimento passageiro de moço. Para a nossa atividade não serve. Vocês, nobres ou burgueses, não vão além da generosa submissão ou generoso entusiasmo. Tudo isso é ninharia. Vocês, por exemplo, não brigam e se consideram valentes e dispostos a tudo. Nós queremos brigar. Para que discutir? O nosso pó é capaz de causticar-lhe os olhos, a nossa imundície pode sujá-lo e você não cresceu ainda suficientemente para concordar conosco, porque aprecia muito a sua própria pessoa e lhe é agradável censurar ou acusar a si mesmo. Não suportamos semelhantes atitudes, queremos outros elementos, queremos torcer outra gente! É um bom rapaz, mas não passa de um burguesinho sentimentalista e liberalóide, e *voilà tout*, como costuma expressar-se meu velho progenitor.

— Despede-se de mim, para sempre, Eugênio? — disse tristemente Arcádio. — Não tem outra coisa para me dizer?

Bazarov coçou a nuca.

— Tenho, Arcádio, tenho outras palavras para lhe dizer, mas não vou proferi-las, porque seria romanismo. Significaria simplesmente expandir-me. Case-se depressa ou logo, como quiser. Construa bem firme seu ninho e tenha muitíssimos filhos. Seus filhos serão inteligentes, porque hão de nascer numa época apropriada e não como nós dois. Vejo que o meu carro já está pronto. Já é tempo de partir! Despedi-me de todos... Vai lá um abraço?

Arcádio abraçou comovidamente seu mestre e amigo, com lágrimas nos olhos.

— O que é a juventude! — disse calmamente Bazarov. — Confio muito em Catarina Sergueievna. Ela há de consolá-lo logo! Adeus, meu amigo! — e fez um gesto de despedida a Arcádio, quando já se achava no carro. Indicando um casal de gralhas, pousadas no telhado da cocheira, acrescentou: — Veja lá um bom exemplo! Imite a vida daquele casal de aves!

— Que significa isso? — perguntou Arcádio.

— Como? Já se esqueceu das lições de história natural? A gralha é a maior amiga do lar. É um ótimo exemplo!... Adeus, meu *senhor*!

O veículo rodou, e desapareceu.

Bazarov tinha dito a verdade. Conversando à tarde com Kátia, Arcádio esqueceu-se completamente do seu mestre. Já sentia vontade de submeter-se a ela. Kátia percebia essa submissão e não se surpreendia. No dia seguinte devia partir para Mariino, conversar com Nicolau Petrovitch. Ana Sergueievna não queria incomodar os noivos. Só por um princípio de decência não os deixava muito tempo a sós. Fez todo o possível por afastar a princesa de sua companhia. A princesa, ao ter notícia do futuro enlace, chorou de raiva. A princípio, Ana Sergueievna temia que a visão de uma felicidade futura lhe parecesse muito dolorosa. Aconteceu exatamente o contrário. A visão dessa felicidade comoveu-a. Ana Sergueievna ficou satisfeita, embora um tanto triste. "Tinha razão Bazarov — pensava — Curiosidade, apenas curiosidade, amor ao conforto e egoísmo..."

— Meu filhos — disse em voz alta — o amor será um encantamento?

Nem Kátia nem Arcádio entendiam suas palavras. Evitavam-lhe a presença. A palestra que ouviram um dia no jardim entre ela e Bazarov não lhes saía da memória. Ana Sergueievna, porém, não teve muito trabalho em tranqüilizá-los, porque também ficara tranqüila.

CAPÍTULO XXVII

Os velhos Bazarov sentiram-se imensamente satisfeitos com o inesperado regresso do filho. Arina Vassilievna ficou tão perturbada e corria tanto pela casa, que Vassili Ivanovitch acabou apelidando-a de "senhora perdiz". Porque a cauda curta da sua blusa lhe dava um aspecto de ave. Ele, por sua vez, só dizia palavra ininteligíveis e limitava-se a morder a piteira de âmbar do seu cachimbo. Abria de repente a boca, e ria em silêncio.

— Vim aqui para passar umas seis semanas, meu velho — disse-lhe Bazarov. — Quero trabalhar um pouco e espero que não me atrapalhe.

— É capaz de nem se lembrar da minha cara, quando me vir — respondeu Vassili Ivanovitch.

Cumpriu a sua promessa. Instalando o filho no seu gabinete de trabalho, como da primeira vez, não que retivesse quaisquer expansões da sua ternura maternal. "Nós, querida — dizia — aborrecemos muito Eniucha quando aqui esteve da outra vez. Convém agora tomar mais cuidado". Arina Vassilievna concordava com o marido, perdendo muito com isso, porque só via o filho à mesa e tomou-se de um receio definitivo de conversar com ele. "Eniucha!" costumava dizer por vezes. Mal o filho a olhava, distraindo-se com qualquer coisa ou fingindo fazê-lo, balbuciava logo: "Nada, não se importe". E em seguida ia ter com Vassili Ivanovitch perguntando-lhe pensativa: "É capaz de saber, meu amigo, o que deseja hoje Eniucha para o jantar? Uma sopa russa? Por que não lhe pergunta? Sou capaz de importuná-lo!"

Bazarov logo desistiu espontaneamente do seu isolamento. A febre de trabalho passou e veio um tédio e uma secreta intranquilidade. Em todos os seus movimentos se percebia um cansaço estranho. Mesmo o seu andar, até então firme e resoluto, mudara completamente.

Cessaram os seus passeios solitários, e começou a preferir qualquer companhia. Tomava chá na sala de visitas, vagava pelas horta em companhia de Vassili Ivanovich e fumava lentas cachimbadas em silêncio. Perguntou um dia pelo padre Alexei. Vassili Ivanovitch ficou primeiro satisfeitíssimo com essa mudança, mas sua alegria não durou muito. "Eniucha preocupa-me muito — queixava-se à sua esposa. — Não que esteja pouco satisfeito ou ligeiramente zangado. Não seria nada. Está aborrecido e triste, eis o que me impressiona. Sempre quieto. Se ao menos ralhasse um pouco conosco. Emagrece e tem cores suspeitas". "Deus nos livre! — dizia a velhinha — Queria oferecer-lhe um talismã para tê-lo sempre no peito, mas não permitirá que o ponha". Vassili Ivanovitch tentou muitas vezes, com extremo cuidado, inquerir Bazarov sobre os seus trabalhos científicos, sobre sua saúde, sobre Arcádio... Bazarov respondia-lhe de má vontade ou com indiferença. Um dia chegou a observar-lhe que seu pai parecia investigar alguma coisa, dizendo-lhe irritado: "Por que anda na ponta dos pés onde estou? Não gosto disso". "Não tem importância, meu amigo!" respondeu precipitadamente o pobre Vassili Ivanovitch. As suas indagações políticas ficavam também sem resposta. Referindo-se um dia à próxima libertação dos servos, ao progresso, esperava suscitar o entusiasmo do seu filho. Este respondeu-lhe secamente: "Ontem, ao passar perto da cerca, ouvi que os moleques, em lugar de qualquer velha canção popular, estavam berrando: *Vem chegando o nosso tempo, os corações sentem o amor...* Aí está o progresso". Às vezes Bazarov se dirigia ao povoado e, em conversa com qualquer *mujik,* ridicularizava-o como de costume. "Vamos — dizia-lhe — exponha as suas teorias sobre a vida, meu amigo. Dizem que representam todo o futuro e toda a força da Rússia, que vão iniciar um novo período da história, que nos darão uma linguagem e leis novas". O *mujik* ou nada respondia ou proferia as palavras que significavam mais ou menos o seguinte: "Podemos.... porque.... teremos por acaso uma nova divisão de terras?"

— Diga-me, de que espécie é o mundo que concebem? — interrompia-o Bazarov. — Não será o mundo que está apoiado no lombo dos três enormes peixes?

— A terra, meu senhor, está de fato apoiada nos três peixes — calmamente e com bondade patriarcal explicava o *mujik.* — Contra este nosso mundo está a vontade dos senhores. Eis porque os senhores são nossos pais. Quanto mais severo é o senhor, mais agrada ao *mujik.*

Depois de ouvir semelhantes palavras, Bazarov um dia moveu num gesto de desprezo os ombros e foi embora. O *mujik* também seguiu o seu caminho.

— De que estava falando? — perguntou outro *mujik* de meia idade e aspecto melancólico, sentado à porta da sua cabana e que vira de longe que ele palestrava com Bazarov. — Não será sobre os impostos?

— Que impostos, patrício! — respondeu o primeiro *mujik*. Na sua voz já não se ouvia aquele acento patriarcal. Percebia-se até uma certa severidade: — Andava batendo a língua à toa. Por acaso os senhores entendem alguma coisa da nossa vida!

— Que esperança! — replicou o outro *mujik*. Sacudindo a poeira do chapéu e desapertando um pouco a cinta, começou a discutir sobre os seus negócios e necessidades. Bazarov, tão inteligente, observador e conhecedor dos *mujiks* (como teve ocasião de afirmar nas discussões com Pavel Petrovitch), esse mesmo Bazarov nem suspeitava que aos olhos dos *mujiks* ele não passava de uma espécie de palhaço...

Afinal encontrou o que fazer. Um dia, em sua presença, Vassili Ivanovitch estava pensando a perna ferida a um *mujik*. Suas mãos de velho tremiam muito. Não conseguia arrumar bem a gaze sobre a ferida. O filho auxiliou-o e, a partir desse dia, continuou a ajudá-lo na clínica, sem deixar de ridicularizar-lhe os processos de tratamento, que ele mesmo aconselhava. Ria-se do pai que, imediatamente, aplicava na prática os meios aconselhados. As pilhérias de Bazarov não perturbavam o trabalho de Vassili Ivanovitch. Até o confortavam Apertando o seu capote ensebado ao peito, com dois dedos, fumando seu cachimbo, ouvia com prazer Bazarov. Quanto mais rancor ou irritação havia nas suas palavras ou atitudes, mais ria, mostrando seus dentes escuros. Repetia até as palavras e gestos do filho, às vezes destituídas de sentido. Por exemplo, durante alguns dias, sem propósito algum, repetia uma frase qualquer, só porque o seu filho a empregara numa determinada ocasião. "Graças a Deus, está menos triste! — dizia à esposa. — Se visse que descompostura me passou hoje!"

Em compensação, ao pensar que possuía um auxiliar como seu filho, ficava satisfeitíssimo e sentia orgulho de si mesmo. "Sim — dizia a qualquer camponesa que trajava um capote de homem, ao entregar-lhe um vidro de purgante ou uma lata de pomada branca — deve agradecer a Deus porque meu filho está aqui entre nós. Está sendo tratada pelos mais modernos processos da medicina. Compreende isso? O imperador dos franceses,

Napoleão III, não tem um médico igual ao meu filho". A camponesa, que se queixava de males incompreensíveis, cujos sintomas não conseguia definir, curvava-se respeitosamente e punha a mão dentro da camisa, de onde tirava quatro ovos embrulhados numa toalha.

Bazarov chegou até a extrair dente de um vendedor ambulante de armarinho. Embora o dente fosse como outro qualquer, nada tendo de particular, Vassili Ivanovitch guardou-o como uma raridade. Mostrando-o ao padre Alexei, repetia sempre:

— Veja que raízes! Que força tem meu Eugênio! O vendedor até deu um pulo! Meu filho é capaz de arrancar um carvalho com raízes e tudo!

— Extraordinário! — disse afinal o padre Alexei, sem saber o que responder e como livrar-se do velho, extático.

Um dia um *mujik* do povoado vizinho trouxe para Vassili Ivanovitch seu irmão atacado de tifo. Deitado num monte de palha, o infeliz agonizava. Manchas escuras cobriam-lhe o corpo. Estava há muito sem sentidos. Vassili Ivanovitch lamentou que não recorressem antes ao médico, e declarou que o doente já não tinha salvação. Efetivamente, o *mujik* não chegou a trazer o irmão vivo até a casa. Morreu no caminho.

Três dias depois, Bazarov entrou no gabinete do pai e pediu-lhe um pouco de pedra infernal.

— Para que quer pedra infernal?

— Preciso queimar um ferimento.

— Em quem?

— Em mim mesmo.

— Como! Que foi isso? Que ferida é essa? Onde está?

— Aqui, no dedo. Hoje estive no povoado de onde trouxeram o *mujik* doente de tifo. Lembra-se? Resolveram lá fazer uma autópsia no cadáver. Há muito tempo eu não fazia uma autópsia.

— Então?

— Pedi ao médico de lá que me permitisse fazê-la. E acabei cortando o dedo com o bisturi.

Vassili Ivanovitch ficou pálido como cera. Sem dizer uma palavra, foi buscar um pedaço de pedra infernal. Bazarov queria pegar a pedra e afastar-se.

— Pelo amor de Deus — disse Vassili Ivanovitch — deixe que examine e trate do ferimento.

Bazarov sorriu.

— Gosta muito de medicina!

— Não brinque, por favor. Mostre seu dedo. O ferimento é insignificante. Não dói?

— Queime bem, não tenha medo.

Vassili Ivanovitch parou de repete.

— Eugênio, não será melhor queimar com ferro em brasa?

— Isso a gente devia fazer antes. Agora parece-me, a própria pedra infernal já de nada vale. Se apanhei a moléstia, já é muito tarde.

— Como tarde?... — balbuciou Vassili Ivanovitch.

— Ora essa! Já passaram quatro horas e tanto.

Vassili Ivanovitch encostou mais uma vez a pedra infernal ao ferimento.

— E o médico de lá não tinha pedra infernal?

— Não tinha.

— Como é possível, meu Deus! Um médico, e não tem o indispensável!

— Se visse os seus bisturis — disse Bazarov, e saiu.

Durante a tarde daquele dia e todo o dia seguinte, Vassili Ivanovitch lançava mão de todos os pretextos possíveis para entrar no aposento do ilho. Não lhe falava no ferimento, e se esforçava por abordar os mais diversos assuntos. Entretanto fitava atento o filho, observando-o com grande atenção. Bazarov chegou a perder a paciência e ameaçou ir embora. Vassili Ivanovitch deu-lhe a palavra de que não o aborreceria. Arina Vassilievna, que de nada sabia, começou a importunar o marido, perguntando-lhe por que não dormia e o que tinha acontecido. Durante dois dias Vassili Ivanovitch cumpriu a sua palavra, espiando o filho sem este perceber. O aspecto de Bazarov não lhe agradava muito... No terceiro dia, ao jantar, não pôde mais. Bazarov estava abatido e não tocava em prato algum.

— Por que não come, Eugênio? — perguntou com aparente calma. — A comida parece que está gostosa.

— Não tenho apetite.

— Não tem apetite? Dói-lhe a cabeça? — acrescentou timidamente o pai.

— Dói. Por que não há de doer?

Arina Vassilievna endireitou-se, e ficou de sobreaviso.

— Não fique zangado, por favor, Eugênio — prosseguiu Vassili Ivanovitch. — Não quer que lhe examine o pulso?

Bazarov ergueu-se.

— Sem examinar o pulso, afirmo-lhe que estou com febre.

— Teve calafrios?

— Tive também calafrios. Vou deitar-me. Preparem-me um pouco de chá de tília. Parece que apanhei um resfriado.

— Ouvi-o tossir esta noite — disse Arina Vassilievna.

— Resfriei-me — repetiu Bazarov, afastando-se.

Arina Vassilievna foi preparar o chá de flores de tília. Vassili Ivanovitch foi ao aposento contíguo e agarrou os cabelos num gesto de desespero.

Bazarov não se levantou o dia todo e passou a noite numa sonolência pesada e insuportável. À uma hora da madrugada, abriu os olhos com esforço, viu sobre si, à luz da lâmpada, o semblante pálido do pai e ordenou-lhe que fosse embora. Este obedeceu, mas voltou logo nas pontas dos pés e, postando-se atrás da porta do armário, olhava fixamente para Eugênio. Arina Vassilievna também não se deitou e, abrindo às vezes, de mansinho, a porta do gabinete, vinha escutar "como respirava Eniucha" e observar Vassili Ivanovitch. Só podia ver-lhe as costas imóveis e curvadas, e isso lhe trazia um certo alívio. Pela manhã Bazarov tentou levantar-se. Girava-lhe a cabeça, o sangue brotou-lhe pelo nariz. Deitou-se de novo. Vassili Ivanovitch atendia-o em silêncio. Arina Vassilievna veio ter com ele, e perguntou-lhe como se sentia. Respondeu: "Melhor", e voltou-se para a parede. Vassili Ivanovitch fez à esposa um gesto de desespero com ambas as mãos. Ela mordeu os lábios e saiu para não chorar. Tudo em casa parecia ter ficado mais sombrio. Os semblantes tornaram-se mais sérios e o silêncio invadiu a casa. Do pátio tiveram que retirar para o povoado um galo barulhento, que por muito tempo ficou sem compreender por que assim o tratavam. Bazarov continuou deitado com o rosto para a parede. Vassili Ivanovitch tentou fazer-lhe algumas perguntas, mas as perguntas fatigavam Bazarov. O velho permaneceu imóvel na sua poltrona, estalando de quando em quando os dedos. Foi ao jardim, ficou ali por algum tempo, petrificado como estátua, presa de indizível admiração (a expressão de surpresa não lhe saía do rosto) e voltava novamente para junto do filho, evitando as indagações da mulher. Ela, afinal, agarrou-o pela mão e, trêmula, quase em tom de ameaça, perguntou-lhe: "Que tem ele?" Só então o marido a percebeu e fez um esforço para sorrir-lhe em resposta. Com espanto de si mesmo, verificou que em vez de sorrir estava rindo. Tinha mandado chamar o médico pela manhã. Achou conveniente prevenir disso o filho, para não aborrecê-lo.

Bazarov virou-se repentinamente no divã, examinou com atenção seu pai e pediu água.

Vassili Ivanovitch trouxe-lhe água e encostou-lhe a mão na testa. Ardia de febre.

— Estou muito mal, meu velho — proferiu Bazarov, com a voz rouca e lenta. — Apanhei tifo. Daqui a alguns dias vai enterrar-me.

Vassili Ivanovitch estremeceu como se alguém lhe desse uma pancada nas pernas.

— Eugênio, que diz!... — Mal podia falar. — Deus é grande! Você apanhou um resfriado...

— Basta! — interrompeu-o devagar Bazarov. — Como médico, não deve dizer essas tolices. Tenho todos os sintomas da moléstia. Sabe-o bem.

— Onde estão esses sintomas... dessa moléstia, Eugênio? Por amor de Deus!

— E que é isto? — disse Bazarov, arregaçando a manga da camisa e mostrando ao pai manchas vermelhas de aparência suspeita.

Vassili Ivanovitch estremeceu e ficou gelado de horror.

— Suponhamos — disse — que se trate... de uma espécie... de moléstia contagiosa...

— Piemia — corrigiu o filho.

— Uma espécie de... epidemia...

— *Piemia* — repetiu com clareza e seriamente Bazarov. — Já se esqueceu do que estudou?

— Como quiser... mas ficará curado.

— É impossível. Mas falemos em outra coisa. Não esperava morrer tão cedo. É uma casualidade verdadeiramente desagradável. Você a minha mãe devem agora aproveitar a força da religião. É uma ótima oportunidade para que ponham à prova essa força. — Bebeu um pouco de água. — Quero pedir-lhe uma coisa... enquanto a minha cabeça ainda funciona. Amanhã ou depois, você sabe, meu cérebro já deixará de funcionar. Agora mesmo não tenho certeza se me expresso claramente. Enquanto estava aqui, deitado, parecia ver em torno de mim cães vermelhos que corriam por toda parte. Você estava perto de mim como um caçador. Parece que estou bêbedo. Entende-me?

— Por favor, Eugênio, você está falando com toda a clareza.

— Assim é melhor. Disse-me que mandou chamar o médico... está agora consolado... console-me também a mim; mande um portador a...

— Arcádio Nikolaievitch? — perguntou o velho.

— Quem é Arcádio Nikolaievitch? — disse Bazarov, como que refletindo... — Ah, é aquele fidalgote! Não, não o importune: agora é uma gralha. Não se espante, não é delírio ainda. Mande um portador à senhora Odintsov, Ana Sergueievna, uma fazendeira que vive perto... conhece? (Vassili Ivanovitch fez um gesto afirmativo com a cabeça.) Eugênio Bazarov manda-lhe dizer que está morrendo. Far-me-á esse favor?

— Farei... mas é impossível, Eugênio, que vá morrer assim... pense um pouco! Onde está então a justiça divina?

— Isso é que não sei. Não se esqueça de mandar um portador.

— Imediatamente. Vou eu mesmo escrever-lhe uma carta.

— Não; para que? Mande-lhe dizer que a saúdo e nada mais. Agora vou de novo para junto dos meus cães. É esquisito! Quero pensar um pouco na morte e não consigo. Vejo uma mancha... e nada mais.

Novamente voltou-se com dificuldade para a parede. Vassili Ivanovitch saiu do aposento do filho agonizante e, arrastando-se para o seu quarto de dormir, caiu de joelhos diante das imagens sagradas.

— Reze a Deus, Arina, reze! — gemeu. — O nosso filho está morrendo.

O médico, o mesmo que não tinha a pedra infernal, veio, examinou o doente, recomendou que se seguisse o método de contemporização e disse algumas palavras sobre a possibilidade de cura.

— O senhor já viu na sua vida gente nas minhas condições, que escapasse de ir parar no cemitério? — indagou Bazarov; e agarrando inesperadamente a perna da pesada mesa, que se achava perto do divã, mudou-a de lugar, sacudindo-a.

— Que força, que força tenho ainda! — disse ele. — Toda essa força ainda está comigo, e devo morrer!... O velho que morre já teve tempo de desabituar-se da vida, enquanto eu... Vá lá negar a morte. Ela é que me nega e basta! Quem é que está chorando? — disse pouco depois. — Minha mãe? Pobrezinha! A quem agora vai preparar sua saborosíssima sopa? E você, Vasili Ivanovitch, parece que também está chorando? Se a religião cristã não lhe ajuda, seja um filósofo, um estóico! Não me disse sempre que era filósofo?

— Qual filósofo! — exclamou Vassili Ivanovitch. As lágrimas corriam-lhe abundantes pelas faces.

Bazarov piorava de hora a hora. A moléstia assumiu um caráter galopante, o que quase sempre acontece em casos de contaminação cirúrgica. Não tinha perdido ainda a consciência e compreendia o que se lhe falava: lutava com a morte. "Não quero delirar — murmurava, cerrando as mãos, — que tolice!" E dizia logo depois: "Se de oito tirarmos dez, quanto fica?" Vassili Ivanovitch andava como doido, recomendando ora um remédio ora outro. Limitava-se, porém, a cobrir os pés do filho. "Envolver em lençóis frios... um vomitório... um emplastro de mostarda no estomago... sangria" dizia desesperado. O médico, a quem convenceu que ficasse, concordava com ele, dava limonada ao doente e para si mesmo pedia ou um cachimbo ou "fortifica e aquece", isto é, aguardente. Arina Vassilievna estava sentada num banquinho perto da porta. De quando em quando se levantava e ia rezar. Alguns dias antes, o seu pequeno espelho caiu-lhe das mãos e quebrou-se. Considerou aquilo um péssimo sinal. A própria Anfissuchka nada lhe pôde dizer a respeito. Timofeievitch foi enviado à fazenda da senhora Odintsov.

A noite foi péssima para Bazarov... Uma febre violenta atormentava-o. Pela manhã melhorou um pouco. Pediu que Arina Vassilievna lhe penteasse os cabelos, beijou-lhe mão e bebeu doi goles de chá. Vassili Ivanovitch até ficou um pouco mais animado.

— Graças a Deus — repetia — começou a crise... veio a crise.

— Se pensarmos um pouco — disse Bazarov, — o que significa uma palavra! Gostou da palavra "crise" e está consolado. Não sei como o homem ainda acredita em palavras. Se lhe dissermos que é um imbecil e não lhe batemos, fica triste; se lhe dissermos que é inteligente e não lhe dermos dinheiro, sente grande prazer com isso.

Este breve discurso de Bazarov, que lhe recordava as antigas chacotas, enterneceu Vassili Ivanovitch.

— Bravo! Muito bem! — gritou ele, fingindo que batia palmas.

Bazarov sorriu tristemente.

— Como é então — disse, — a crise passou, ou agora que está começando?

— Sente-se melhor, eis o que estou vendo e o que me alegra — respondeu Vassili Ivanovitch.

— Está bem. A alegria nunca faz mal. Mandou alguém à casa daquela senhora?

— Mandei, como não!

A mudança para melhor não durou muito. A moléstia retomou o seu curso. Vassili Ivanovitch não saía de perto de Bazarov. Uma tortura desconhecida martirizava o velho. Tentou por várias vezes dizer alguma coisa e não pôde.

— Eugênio — disse afinal, — meu filho, meu bom filho!

Este inesperado apelo sacudiu Bazarov... Ergueu um pouco a cabeça e perguntou, esforçando-se por sair do seu esquecimento:

— Que quer, pai?

— Eugênio — continuou Vassili Ivanovitch, ajoelhando-se diante de Bazarov, embora este não abrisse os olhos e continuasse sem vê-lo. — Eugênio, está agora melhor. Deus permita que fique bom. Aproveite este intervalo de tempo, console-nos, a mim e a sua mãe: cumpra o dever de cristão! Por mais doloroso que me seja dizê-lo, a sua morte poderia ser horrível. Porém, mais horrível ainda... lembre-se, Eugênio... mais horrível será ainda, se...

A voz do velho truncou-se. Enquanto isso, pela face do filho, embora continuasse com os olhos fechados, passou algo de estranho.

— Não lhes nego essa consolação — disse afinal. — Parece-me, porém, que não deviam ter pressa. Você mesmo diz que estou melhor.

— Está melhor, Eugênio, muito melhor. Mas quem sabe, tudo depende da vontade de Deus e, tendo cumprido o seu dever...

— Não. Vou esperar um pouco — interrompeu Bazarov. — Concordo com você: a crise já começou. Se ambos nos enganamos, a igreja ministra a extrema-unção até aos que perdem a consciência, no fim da agonia.

— Faça-me o favor, Eugênio...

— Esperarei. Quero dormir agora. Não me incomode.
Recostou a cabeça no mesmo lugar de antes.

O velho ergueu-se, sentou-se numa poltrona, pegou com uma das mãos o queixo e pôs-se a morder a ponta dos dedos... O ruído de uma caleça de molas, aquele ruído que se percebe particularmente no campo, chegou-lhe de repente aos ouvidos. Cada vez mais perto se sentia o roçar das rodas ligeiras. Já se ouvia o resfolegar dos animais... Vassili Ivanovitch levantou-se à pressa e foi à janela. No pátio viu uma caleça tirada por quatro cavalos. Não sabendo do que se tratava, presa de uma alegria absurda, correu para fora... Um criado de libré abria a portinhola do carro. Uma senhora de véu preto e mantilha da mesma cor, saiu da caleça...

— Sou a senhora Odintosov — disse, apresentando-se. — Eugênio Vassilievitch ainda está vivo? É seu pai? Trouxe-lhe um médico.

— Nossa benfeitora! — exclamou Vassili Ivanovitch, agarrando sua mão e apertando-a de encontro aos lábios.

Nesse momento o médico, que veio em companhia de Ana Serguejevna, um homem baixo, de óculos e fisionomia alemã, apeava-se devagar do carro. "Se está vivo meu Eugênio? Está vivo ainda. Será salvo agora! Arina!... Um anjo do céu veio visitar-nos!..."

— Que há, por Deus? — disse baixinho a velhinha, correndo precipitadamente à sala de visitas, sem compreender o que se passava. Caindo aos pés de Ana Serguejevna, como doida, pôs-se a beijar-lhe o vestido.

— Que está fazendo, minha senhora! — repetia surpresa Ana Serguejevna. Mas Arina Vassilievna não a queria ouvir, e Vassili Ivanovitch repetia sem cessar: "Anjo! Anjo!".

— *Wo ist der Kranke?* Onde está o doente? — disse, afinal, o médico em tom de visível aborrecimento.

Vassili Ivanovitch voltou a si.

— Está aqui, faça o favor de entrar, *herr kollega* — disse, lembrando-se com dificuldade dos seus conhecimentos da língua alemã.

O alemão sorriu por mera gentileza.

Vassili Ivanovitch conduziu-o ao seu gabinete.

— É o médico que a senhora Odintsov trouxe — disse ao ouvido do filho. — Ela também está aqui.

Bazarov abriu de repente os olhos.

— Que diz?

— Disse que Ana Sergueievna está aqui e veio em companhia deste senhor, que é médico.

Bazarov lançou um olhar em torno.

— Ela está aqui... quero vê-la.

— Vê-la-á, Eugênio. Primeiramente vamos conversar um pouco com o médico. Vou contar-lhe a história da sua moléstia, porque Sidor Sidoritch já foi embora (era o nome do outro médico). Vamos ter uma pequena conferência.

Bazarov fitou o alemão.

— Acabem logo com essa conferência. Não falem em latim, porque sei o que significa: *Jam moritur.*

Der Herr scheint des Deutschen maechtig zu sein — disse o novo esculápio dirigindo-se a Vassili Ivanovitch.

— *Ich... habe....* Vamos falar em russo, que é melhor — disse o velho.

— Vamos — respondeu o alemão num russo horrível.

Começou a conferência médica.

Meia-hora depois, Ana Sergueievna, em companhia de Vassili Ivanovitch, entrou no gabinete onde estava o doente. O médico já tivera ocasião de dizer-lhe que era um caso perdido.

Ela, lançando um olhar a Bazarov, estacou junto à porta, tal era a mudança operada no rosto mortalmente pálido e ardente de febre, com os olhos turvos e fixos. Teve medo, pavor frio e doloroso. Passou-lhe pela mente num momento a idéia de que, se o amasse de verdade, sentiria outra coisa nesse instante.

— Obrigado — disse ele com esforço, — não esperava por isso. Fez um ato de bondade. Assim nos tornamos a ver, como prometeu aquele dia.

— Ana Sergueievna teve tanta bondade — começou Vassili Ivanovitch...

— Pai, deixe-nos a sós. Permite, Ana Sergueievna? Parece que, neste momento...

Indicou-lhe com a cabeça o seu corpo estendido e sem forças.

Vassili Ivanovitch saiu.

— Muito obrigado — repetiu Bazarov. — É um presente real. Dizem que os reis costumam também visitar os agonizantes.

— Eugênio Vassilievitch, espero...
— Ana Sergueievna, vamos falar só a verdade. Sou um homem acabado. A roda da vida pegou-me. Vejo agora que não valia a pena pensar no futuro. A morte é uma coisa muito conhecida e é nova para cada um de nós. Até agora não tive medo... Depois vem o desmaio, e pronto! (Fez um gesto com a mão). Que posso dizer-lhe agora... Que a amei? Isso mesmo antes não tinha sentido algum, quanto mais agora... O amor é uma forma e a minha própria forma se está desintegrando neste momento. Digo-lhe melhor que admiro a sua bondade! Vejo-a tão linda...

Ana Sergueievna estremeceu involuntariamente.

— Não se agite... sente-se lá... não se aproxime de mim: a minha moléstia é muito contagiosa.

Ana Sergueievna atravessou rapidamente a sala e sentou-se na poltrona, perto do divã onde estava deitado Bazarov.

— Que bondade a sua! — disse ele baixinho. — Sinto-a tão perto, tão moça, tão pura e fresca... neste quarto infecto!... Agora, adeus! Viva muito tempo e goze a vida enquanto é nova. Já viu na sua existência uma cena repugnante? O verme, quase esmagado, ainda quer viver. Também pensei assim: hei de fazer muita coisa, não morrerei, sou um gigante! Agora toda a questão do gigante consiste em poder morrer decentemente, ainda que isso pouco importe ao resto do mundo... É o mesmo. Não vou fingir importância.

Bazarov calou-se e começou a apalpar o corpo. Ana Sergueievna deu-lhe um pouco de água sem tirar suas luvas e respirando com cuidado.

— Vai esquecer-se de mim — disse Bazarov de novo. — O morto não se dá bem com o vivo. Meu pai naturalmente lhe dirá que a Rússia perdeu um grande homem... É tolice, mas não desiluda meu velho. Diga uma palavra de consolação também à minha mãe. Gente como meus pais raramente se encontra neste mundo... Sou necessário à Rússia? Não, provavelmente não o sou. E quem é necessário? O sapateiro, o alfaiate, o açougueiro... que vende carne... o açougueiro... Espere um pouco, as minhas idéias se baralham... Vejo um bosque...

Bazarov pôs a mãos na testa.

Ana Sergueievna curvou-se sobre ele.

Ele afastou a mão e ergueu-se.

— Adeus — disse com inesperada energia e seus olhos brilharam pela última vez. — Adeus... Ouça: nunca a beijei na minha vida... Quer soprar a lâmpada bruxuleante e apagá-la para sempre?...

Ana Sergueievna pousou seus lábios na testa do agonizante.

— E basta! — disse ele, acomodando a cabeça no travesseiro. — Agora... escuridão...

Ana Sergueievna saiu devagarzinho.

— Que há? — indagou baixinho Vassili Ivanovitch.

— Adormeceu — respondeu ela com voz imperceptível.

Bazarov dormira para não acordar nunca. À tarde perdeu o conhecimento, e morreu no dia seguinte. O padre Alexei fez o serviço religioso. Por ocasião do ofício divino, quando o óleo santo caiu sobre o peito do defunto, um olho do morto abriu-se e parecia que, à vista do sacerdote paramentado de todas as suas vestes e insígnias, das nuvens de incenso e das velas acesas, algo semelhante a um estremecimento de horror passou momentaneamente pela face de Bazarov. Quando o sacerdote proferiu a suas últimas palavras e todo mundo começou a soluçar em casa, Vassili Ivanovitch ficou num estado de estupor e de revolta. "Eu disse que hei de protestar — gritava roucamente o velho, de fisionomia febril e desfigurada, agitando no ar ameaçadoramente o punho cerrado — hei de protestar, hei de protestar!" Arina Vassilievna, banhada em pranto, abraçou-o e ambos perderam os sentidos. "Assim — contava depois Anfissuchka — ambos curvaram as cabecinhas, como as ovelhinhas ao meio-dia..."

O calor do meio-dia arrefece, vem a tarde e a noite, e depois o repouso tranqüilo para todos os seres fatigados...

CAPÍTULO XXVIII

Passaram seis meses. Era um inverno branco com a calma clara dos seus frios violentos, a neve abundante que rangia sob os pés, a neve a cobrir as árvores nuas, um céu de azul pálido, a fumaça sobre as chaminés das casas, as nuvens de vapor saindo das portas abertas, as faces vermelhas das pessoas e trotes dos cavalos atrelados e transidos de frio. Um dia de janeiro já se aproximava do seu fim. O frio da tarde oprimia cada vez mais o ar parado e o crepúsculo morria rapidamente.

Nas janelas da casa senhorial de Mariino acendiam-se luzes. Prokofitch, trajando um fraque negro e luvas brancas, arranjava a mesa solenemente para sete pessoas. Havia uma semana, numa pequena igreja do povoado, intimamente e quase sem convidados, realizaram-se dois casamentos: o de Arcádio com Kátia e o de Nicolau Petrovitch com Fenitchka. Nesse mesmo dia, Nicolau Petrovitch oferecia um jantar de despedida ao irmão que partia para Moscou, a negócios. Ana Sergueievna partiu logo depois, com o mesmo destino, tendo presenteado generosamente os recém-casados.

Às três horas em ponto todos se reuniram à mesa. Mítia também estava ali em companhia de uma ama. Pavel Petrovitch ocupava um lugar entre Kátia e Fenitchka. Os maridos instalaram-se junto das esposas. As nossas personagens tinham mudado muito durante os últimos tempos: todos estavam mais bem dispostos e mas felizes. Só Pavel Petrovitch emagrecera bastante, o que lhe ia muito bem... Com Fenitchka se operara verdadeira transformação. Trajando um vestido de seda, com uma fita de veludo nos cabelos e fina corrente de ouro no pescoço, estava sentada numa atitude de imobilidade respeitosa e sorria como se quisesse dizer: "Perdoem-me; eu não tenho culpa". E não era só ela: todos sorriam e pareciam pedir desculpas. Todos se sentiam um pouco tristes e acanhados, mas satisfeitos. Cada um prestava serviços ao outro, como se todos houvessem combinado representar uma pequena comédia. Kátia era a mais calma de todas. Olhava confiante em torno de si. Percebia-se que Nicolau Petrovitch já a estimava muito.

Antes de terminar o jantar, ele se levantou, tomou a taça e dirigiu-se a Pavel Petrovitch.

— Deixa-nos... querido irmão. Espero que não seja por muito tempo. Não sei expressar o que eu... o que nós... nós todos... é uma tristeza! Não sei fazer um discurso! Arcádio, diga alguma coisa.

— Não papai, não me preparei para isso.

— E eu me preparei? Com toda simplicidade, permita, meu irmão, que o abrace desejando-lhe muitas felicidades e um breve regresso!

Pavel Petrovitch beijou todos, sem excetuar Mítia. Beijou ainda a mão de Fenitchka que não lha ofereceu como devia. Esvaziando a segunda taça, disse com um suspiro: "Sejam felizes, meus amigos. *Farewell*".

Essa palavra inglesa ninguém a entendeu, mas todos estavam comovidos.

— À memória de Bazarov — murmurou Kátia ao ouvido do esposo e bebeu da sua taça. Arcádio, em resposta, apertou-lhe longamente a mão, mas não se resolveu a fazer um brinde em voz alta.

Parece que chegamos ao fim? Talvez, porém, queira alguém saber o que estão fazendo as personagens deste livros. Vamos satisfazer essa curiosidade. Ana Sergueievna casou-se há pouco, não por amor e sim por convicções filosóficas, com um dos futuros homens de Estado, pessoa muito inteligente, de sólida inteligência prática, vontade firme, dom da palavra — homem ainda moço, bom e frio como o gelo. Vivem muito bem um com outro e talvez cheguem, à felicidade ou ao amor... A princesa K. morreu, e todo mundo se esqueceu dela no mesmo dia. Os Kirsanov, pai e filho, instalaram-se em Mariino. Seus negócios começaram a melhorar. Arcádio dedicou-se às ocupações da fazenda, que agora está rendendo bem. Nicolau Petrovitch faz um pouco de política de província. Passa muito tempo viajando pelo seu distrito. Pronuncia longos discursos, defendendo o seu tem apredileto, que é educar os *mujiks*, ou seja, fatigá-los com a repetição constante das mesmas palavras. Não chega a satisfazer os nobres quanto à emancipação dos servos. É muito delicado nos seus processos políticos. Catarina Sergueievna teve um filho chamado Kolia. Mítia já está grande e fala como gente adulta. Fenichka, depois do marido e de Mítia, não aprecia ninguém mais que a sua nora. Quando esta se senta ao piano, não sai o dia inteiro de perto dela. Convém falar ainda de Piotr. Imbecilizou-se de presunção. Pronuncia as palavras de um modo especial. Casou-se também, recebendo um dote da filha de um hortelão, que recusou a mão a dois bons pretendentes, porque não tinham relógios. Piotr, além do relógio, tinha ainda sapatos de verniz.

Em Dresde, no terraço do Brühl, entre duas e quatro horas, no momento do *footing* elegante, pode-se ver um homem de uns cinqüenta anos de idade, de cabelos inteiramente brancos, que sofre de gota, mas ainda belo, irrepreensivelmente trajado e com aparência de figura da alta sociedade. É Pavel Petrovitch. Saiu de Moscou para o estrangeiro, afim de tratar de sua saúde, e ficou residindo em Dresde, onde mantém relações de preferência com os ingleses e russos em trânsito. Com os ingleses é de trato simples, quase modesto, sem exibição. Julgam-no um pouco massador, mas respeitam-lhe a pessoa, *a perfect gentleman*. Com os russos é mais desembaraçado, derrama a sua bílis, ri-se de si mesmo e deles todos. Tudo lhe vai muito bem e é sempre distinto. Partidário das tendências eslavófilas, porque nas esferas aristocráticas isso é *très distingué*. Nada lê em russo, mas na sua mesa de trabalho está um cinzeiro de prata em forma do sapato de um *mujik* russo. Os turistas gostam muito dele. Mateus Ilitch Koliasin, que se achava no grupo da oposição provisória, fez-lhe uma solene visita, de passagem para as águas termais da Boêmia.

A gente de Dresde, com quem conversa raramente, aprecia-o muito e o respeita como a poucos. Ninguém recebe com tanta freqüência convites para teatros e outros divertimentos como *Herr Baron von Kirsanoff*. Pratica o bem quanto pode. Continua as suas conquistas, mas vive aborrecido... mais aborrecido do que supõe... Basta olhá-lo numa igreja russa para se convencer disso. Pensativo, fica imóvel, de lábios cerrados e, depois, põe-se a rezar fervorosamente...

A senhora Kukchine foi também para o estrangeiro. Está agora em Heidelberg. Estuda ciências naturais e a arquitetura, em cujo domínio, segundo as suas palavras, chegou a descobrir leis novas. Como sempre, gosta da companhia dos estudantes, principalmente dos jovens físicos e químicos russos, de que a cidade de Heidelberg está repleta. Estes jovens, nos primeiros tempos, impressionam os ingênuos professores alemães pelo seu modo sóbrio de ver as coisas. Depois impressionam os mesmo professores pela absoluta indolência. Com esses dois ou três químicos, que não sabiam distinguir o oxigênio do azoto, mas propensos ao negativismo e à vaidade, e com o grande Elyseievitch, Sitnikov, que se prepara também para ser grande homem, passa o seu tempo em S. Petersburgo e continua a "obra" de Bazarov, segundo ele mesmo o proclama. Dizem até que alguém lhe deu uma surra, mas ele não ficou impressionado com isso. Num pequeno artigo publicado numa revistazinha duvidosa afirmou que o seu agressor era um cobarde. Isso é o que ele chama de ironia. Seu pai domina-o sempre e sua mulher chama-o de tolo... e literato.

Existe um pequeno cemitério num dos mais distantes recantos da Rússia. Como todos os cemitérios, tem um aspecto muito triste: as valetas que o cercam estão cobertas de vegetação rasteira. As cruzes de madeira cinzenta estão arruinadas e apodrecem sob suas coberturas outrora pintadas. As lousas funerárias estão desmanteladas, como se alguém as empurrasse debaixo. Duas ou três arvorezinhas sem folhas dão uma sombra escassa. As ovelhas pastam tranqüilamente sobre os túmulos... Entre este túmulos existe um fora do alcance do homem e dos animais. Só os pássaros o freqüentam e ali cantam ao romper do dia. Cerca-o uma grade de ferro. Dois pequenos abetos ladeiam a tumba. Aqui está sepultado Eugênio Bazarov. De quando em quando, de um povoado próximo, vem visitar este túmulo um casal de velhos, trôpegos e débeis, marido e mulher. Apoiando-se um ao outro, caminham com passos lentos e arrastados. Aproximam-se de grade de ferro, caem de joelhos e choram muito tempo, examinando atentamente a pedra indiferente da lousa tumular, debaixo da qual repousa o seu filho. Trocam uma breve palavra, espanam o pó da lousa, endireitam o ramo do abeto e rezam de novo. Não têm coragem de abandonar esse lugar, onde se sentem mais perto do filho, da saudade... Será possível que as suas orações e suas lágrimas sejam inúteis? Será possível que o amor, o amor sagrado, amor dedicação suprema, não seja onipotente? Não! Seja qual for o coração apaixonado, pecador e revoltado que se esconda num túmulo, as flores que crescem sobre ele nos fitam tranqüilas, com os seus olhos inocentes. Elas não falam apenas da alma eterna, da grande, da infinita calma da natureza "indiferente": falam também da paz e da vida eternas...

A presente edição de PAIS E FILHOS de I. S. Turgueniev é o Volume de número 5 da Coleção Excelsior. Capa Cláudio Martins. Impresso na Líthera Maciel Editora e Gráfica Ltda., à rua Simão Antônio 1.070 - Contagem, para a Editora Itatiaia, à Rua São Geraldo, 67 - Belo Horizonte - MG. No catálogo geral leva o número 01006/6B. ISBN. 85-319-0692-X.